# NOTICE

SUR

# LES CARTES

DU

## MOUVEMENT DES TRANSPORTS

EN BELGIQUE

PAR

M. ALPHONSE BELPAIRE,
INGÉNIEUR DES PONTS ET CHAUSSÉES.

BRUXELLES,
ÉTABLISSEMENT GÉOGRAPHIQUE DE PH. VANDERMAELEN,
FAUBOURG DE FLANDRE.

1847.

# NOTICE

# LES CARTES

MOUVEMENT DES TRANSPORTS

M. ALPHONSE BELPAIRE,

BRUXELLES

ETABLISSEMENT GÉOGRAPHIQUE DE PH. VANDERMAELEN

# NOTICE

## SUR LES CARTES DU MOUVEMENT DES TRANSPORTS

## EN BELGIQUE.

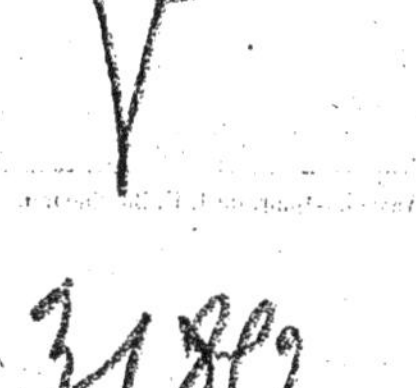

Anvers.—Impr. de J.-E. Buschmann.

# NOTICE

SUR

# LES CARTES

DU

## MOUVEMENT DES TRANSPORTS EN BELGIQUE

PAR

M. ALPHONSE BELPAIRE,

INGÉNIEUR DES PONTS ET CHAUSSÉES.

BRUXELLES,

ÉTABLISSEMENT GÉOGRAPHIQUE DE PH. VANDERMALEN,

FAUBOURG DE FLANDRE.

1847.

# NOTICE

SUR

# LES CARTES

DU

## MOUVEMENT DES TRANSPORTS EN BELGIQUE.

Nous avons publié, il y a deux ans environ, une *Carte des Transports par terre en Belgique,* dans laquelle nous avions essayé d'indiquer, d'une manière sensible à l'œil, la quantité des transports d'hommes et de choses qui s'effectuaient dans notre pays, soit sur les chemins de fer, soit sur les routes ordinaires.

Nous avions pensé qu'il serait éminemment utile de faire connaître tout l'ensemble de nos communications intérieures, avec l'importance absolue et relative de chacune d'elles, avec le courant de personnes et d'objets qui y circulent, avec les relations qu'elles établissent entre les diverses localités du pays, avec les intérêts de toute espèce qu'elles desservent.

Il est bien peu de personnes qui soient en position de connaître ainsi le mouvement de nos transports. Quelques fonctionnaires supérieurs, placés à la source des documents officiels, sont seuls à même d'avoir des idées générales à ce sujet, mais les données mêmes qu'ils possèdent ne sont pas précises, ne peuvent pas se traduire en chiffres; enfin ces données sont disséminées, rien ne les relie entre elles, rien ne permet d'établir entre elles des comparaisons et des relations. A bien plus forte raison, nos transports sont-ils complétement inconnus à tous ceux qui n'ont pas sous la main les documents officiels qui peuvent en faire apprécier l'importance. Quelques branches de ces transports peuvent bien, il est vrai, ne pas être tout-à-fait étrangères à certaines classes de personnes, qui par état sont obligées de s'occuper de ces branches spéciales. Mais, nous ne craignons pas de le dire, il n'est personne qui puisse avoir présent à l'esprit l'ensemble du mouvement de notre circulation intérieure, avec une précision qui permette d'en comparer les divers éléments, d'en tirer des inductions et des conclusions exemptes d'erreur.

Cependant, qu'est-ce en réalité que l'histoire de nos transports, sinon l'histoire même de nos intérêts matériels.

La société humaine n'existe que par les relations qui lient les hommes entre eux. Et ces relations, comment se manifestent-elles? N'est-ce pas par la circulation des idées, des hommes et des choses? Que l'on réfléchisse à tous les rapports qui peuvent exister entre les hommes, on verra que tous sont contenus dans ce triple mouvement des idées, des hommes et des choses. A mesure que les relations entre les hommes deviennent plus développées, plus intimes, plus fréquentes, la société humaine se développe, se perfectionne; car ce sont ces relations qui constituent la société. Mais ces relations, nous avons dit par quelle circulation elles se manifestent. Il existe donc une dépendance nécessaire et réciproque entre l'activité de cette circulation et le développement de la société ; l'une est la mesure de l'autre; l'une ne peut décliner que l'autre n'en souffre; l'une ne peut s'accroître, que l'autre ne s'étende.

Dans ce triple mouvement des idées, des hommes et des choses, le premier échappe au calcul, le second et le troisième peuvent y être soumis. Sous un autre point de vue, le premier exerce plus particulièrement son influence sur le développement intellectuel de la société, le second et le troisième agissent plus spécialement sur son développement matériel.

Si donc nous mettons de côté la partie intellectuelle et morale de la civilisation, que le calcul ne saurait jamais atteindre, et que nous n'en considérions que la partie matérielle et sensible, qui se traduit en faits palpables, qui parle à nos yeux, n'est-il pas évident que c'est dans la circulation des hommes et des choses, c'est-à-dire dans le mouvement des transports, dans l'activité des voies de communication, que nous trouverons la mesure du développement matériel de la société? Et si, comme il est évident, ce mouvement des transports peut s'évaluer en chiffres, ne donnera-t-il pas une échelle du développement de la civilisation, tout comme le thermomètre donne une échelle de l'intensité du chaud et du froid?

Cela posé, qui ne comprendra l'importance d'un pareil résultat, l'intérêt que présenterait cette espèce d'instrument nouveau, qui indiquerait le degré de civilisation auquel un pays est parvenu, qui permettrait de mesurer les pas que cette civilisation a faits dans le passé et fera dans l'avenir; qui dirait si la marche du développement matériel est ascendante ou descendante ou stationnaire, si cette marche n'est qu'un simple déplacement de relations, qui ferait l'historique des relations sociales, non seulement pour le pays tout entier, mais encore pour chacune de ses provinces, pour chacune de ses localités.

Mais pour qu'un instrument soit utile, il faut qu'il soit maniable, c'est-à-dire, que s'il est destiné à mesurer de grandes choses, il ne faut pas qu'on le complique inutilement pour le rendre susceptible de mesurer les petites. Ainsi, lorsqu'il s'agit de faire apprécier l'ensemble des relations intérieures d'un pays, de donner une échelle du développement de la civilisation, résultat général s'il en fut jamais, ce serait folie de vouloir surcharger cette échelle de divisions et de subdivisions, de mesurer à part tel ou tel genre de relations, telle ou telle espèce de transports; ce serait compliquer l'instrument, pour lui faire marquer des indications qu'il n'est pas destiné à donner.

C'est par ce motif qu'une statistique de détails ne pourrait jamais atteindre le but proposé. Les indications qu'il s'agit de donner doivent être simples, claires, générales ; elles doivent résumer le résultat commun d'une multitude de relations diverses, variées, indépendantes; mais elles ne doivent pas préciser individuellement ces relations. L'esprit humain n'est pas assez vaste pour embrasser en même temps les détails et l'ensemble, les idées particulières et les idées générales.

En second lieu, pour qu'un instrument soit utile, il faut que ses indications soient précises et complètes; c'est-à-dire, qu'elles doivent être fournies de manière à éviter à l'esprit toute recherche ultérieure, tout calcul complémentaire. Or, c'est ce qu'en général les chiffres ne font pas. Les chiffres ne parlent pas aux yeux; ils n'appellent pas l'attention sur les points saillants et remarquables; on ne saisit pas du premier abord leurs rapports réciproques, et il reste des calculs à faire, si l'on veut étudier ces rapports, et en avoir une idée nette. En un mot les chiffres ne permettent pas ces comparaisons rapides et globales, ces vues d'ensemble qui embrassent une idée dans toutes ses parties, cette intuition générale de la question qui rend en même temps présents à l'esprit, et la question tout entière et chacun de ses éléments, et les rapports de ceux-ci entre eux et les rapports qu'ils ont avec la question entière.

C'est cependant dans une pareille intuition générale, dans une pareille vue d'ensemble que gît la conception claire et complète de toute idée un peu vaste, et les chiffres, comme on vient de le voir, ne peuvent pas la donner. Il faut donc chercher un autre moyen de parler à l'esprit. Ce moyen, tout le monde le connait; c'est de s'adresser à l'esprit par l'intermédiaire des yeux. La vue seule est capable d'embrasser à la fois un grand nombre d'indications, d'en saisir les rapports d'une manière globale, d'en apprécier immédiatement les points saillants, sans calculs, sans recherches, mais d'une manière en quelque sorte involontaire et instinctive.

Telles sont les conditions d'utilité que doit remplir le tableau général de nos transports, pour s'élever à la hauteur du rôle que nous le croyons propre à jouer.

Il nous a paru, qu'en ce qui concernait l'exécution matérielle de cette idée, la méthode la plus convenable consistait à tracer sur une carte toutes les voies de communication qui existent dans le pays, à donner à ces voies la forme de bandes coloriées de largeurs variables, et à indiquer par le plus ou moins de largeur de chaque bande le degré d'activité des transports auxquels la voie de communication donne passage. De cette manière, une large bande indiquerait une route très-fréquentée, une bande très-mince, une route déserte dès le premier moment, l'œil serait frappé de ces différences, il distinguerait au premier aperçu les routes fréquentées des routes désertes, il reconnaîtrait sans peine l'importance relative et absolue de toutes les relations qui existent entre les diverses localités du royaume.

Il restait à mettre cette idée à exécution; pour cela il fallait d'abord connaître la quantité des transports qui avaient été effectués sur chaque voie de communication.

A l'égard du chemin de fer, la question n'offrait pas de difficultés, grâce aux détails que fournissent les comptes rendus administratifs.

A l'égard des chaussées de l'état et des provinces, le produit de la taxe des barrières pouvait faire connaître, d'une manière très-exacte, l'importance relative des diverses barrières quant à la circulation, et d'une manière suffisamment approchée l'importance absolue de la circulation devant chaque barrière.

A l'égard des routes communales et des routes concédées, nous ne possédions aucune donnée; mais ces routes, ne faisant pas partie des grandes communications, pouvaient être négligées.

Restaient les voies navigables. Ces voies étaient de la plus haute importance, mais l'évaluation de la quantité de leurs transports exigeait de longues et de difficiles recherches. Nous fûmes forcé de ne pas les comprendre dans notre premier travail.

Nous fîmes donc une carte comprenant simplement les transports par terre, et n'indiquant par conséquent que les chaussées et les chemins de fer.

Nous essayerons de donner une idée des calculs au moyen desquels nous avons apprécié et mesuré l'activité de la circulation.

Les transports comprennent diverses branches totalement distinctes, qu'il est difficile de ramener à une commune mesure. Les voyageurs, les marchandises de roulage, les bagages et articles de messagerie, forment autant d'espèces différentes de transports qui n'ont ni la même unité, ni la même importance par unité. Cependant comme nous devions nécessairement ramener tous ces transports divers à la même mesure, pour pouvoir comparer entre elles différentes voies de communication sous le point de vue de l'activité de la circulation établie sur elles, nous fûmes obligé de chercher une certaine assimilation entre les transports de différentes espèces, afin de pouvoir leur appliquer à tous une même unité.

Pour parvenir à cette assimilation nous fîmes la remarque, qu'au chemin de fer un waggon chargé portait :

s'il était chargé de voyageurs : 12 personnes,

s'il était chargé de grosses marchandises : 4 tonneaux,

s'il était chargé de petites marchandises : 2 tonneaux.

Il en résultait qu'au chemin de fer, si l'on adoptait pour unité du transport le tonneau de grosses marchandises, on devait prendre 3 voyageurs pour 1 tonneau de grosses marchandises ou pour 1 unité de transport, et que l'on devait prendre de même ½ tonneau de bagages ou de petites marchandises pour 1 unité de transport.

Nous vîmes ensuite que cette assimilation pouvait très-bien être appliquée aux transports par chaussées. Mais avant de le faire voir, il convient de montrer comment nous étions parvenu à déduire du produit de la taxe des barrières une évaluation des transports effectués sur les chaussées.

La taxe des barrières se perçoit par paire de roues et par tête d'attelage : le produit de la taxe est donc en rapport direct avec le chargement des voitures. Un chariot de roulage attelé de 5 chevaux paie par barrière 65 centimes; on peut compter qu'il porte moyennement 8 tonneaux de grosses marchandises. Ce chargement peut paraître excessif pour un attelage de 5 chevaux, mais il faut remarquer que ces 5 chevaux forment l'attelage normal du chariot, et qu'aux rampes un peu fortes on renforce cet attelage au moyen de chevaux d'allège. Or, d'après la loi, les chevaux d'allège sont exempts du droit de barrière, de manière qu'on peut compter que dans tous les cas, un chariot de roulage portant 8 tonneaux ne paie pas plus de 65 centimes par barrière. En partant de cette base, on trouve que l'unité de transport paie par barrière 8 centimes, du moins en ce qui concerne les grosses marchandises.

En adoptant l'assimilation relative au chemin de fer, d'après laquelle 1 tonneau de grosses marchandises équivaut à 3 voyageurs ou à ½ tonneau de petites marchandises, on trouve, comme nous allons le montrer, que l'unité de transport des voyageurs et des petites marchandises, telle qu'elle vient d'être déterminée, correspond aussi à une taxe de 8 centimes par barrière, ce qui prouve que cette assimilation est aussi bien applicable aux transports par route ordinaire qu'à ceux par chemin de fer. En effet, supposons une diligence attelée de 3 chevaux et portant en moyenne 9 voyageurs et 1,000 kil. de petites marchandises, bagages, etc.; cette voiture paiera par barrière 40 centimes, et elle contiendra en voyageurs 3 unités de transport, et en bagages, articles de messagerie, etc. 2 unités, en tout 5 unités de transport. Chaque unité aura donc payé par barrière 8 centimes.

Les autres transports qui ont lieu sur les chaussées par voitures, paient à proportion beaucoup plus que ceux que nous venons de considérer. Ainsi une voiture à 1 cheval et à 2 roues qui porterait 3 personnes, paierait par barrière 15 centimes pour une seule unité de transport. Mais il faut remarquer que ces transports qui paient plus de 8 centimes par unité, ne forment pas la masse des transports, et que d'ailleurs ils sont plus que compensés par une grande quantité d'autres transports, qui sont tout-à-fait exempts du droit de barrière; tels sont les transports pour le service public, les transports des engrais et des récoltes, ceux de légumes, fourrages, etc., aux barrières les plus rapprochées des marchés, et d'autres encore qu'il serait trop long d'énumérer.

Il en resulte qu'en ce qui concerne les transports par chaussées, on peut adopter ces deux bases de calcul :

1° L'assimilation des voyageurs, des grosses et des petites marchandises, à raison d'une unité de transport pour 3 voyageurs, ou pour un tonneau de grosses marchandises, ou pour ½ tonneau de petites marchandises.

2° L'évaluation des quantités transportées, d'après le produit de la taxe des barrières, à raison de 8 centimes par unité de transport et par barrière.

C'est d'après ces bases et au moyen d'un tableau du produit

des barrières que nous fîmes nos calculs pour évaluer en chiffres les transports effectués sur les chaussées.

Nous parvînmes ainsi à dresser une carte complète du mouvement des transports par terre en Belgique.

Ce travail fut accueilli avec bienveillance; mais de toute part on nous adressa une observation que nous nous étions déjà faite à nous même, à savoir que le document était incomplet, faute d'indiquer les transports par eau. Cette lacune était très-importante, et elle pouvait donner lieu à des idées tout-à-fait fausses sur l'activité relative des transports dans les différentes parties du pays, puisque les localités dépourvues de cours d'eau navigables devaient, à circonstances égales, paraître posséder plus de relations extérieures que les endroits traversés par des canaux ou des rivières, tandis qu'en général c'est l'inverse qui a lieu.

Il était toujours entré dans nos intentions de compléter notre travail au moyen des transports par eau; nous nous mîmes donc à l'œuvre.

La bienveillante assistance de M. Teichmann, inspecteur général des ponts et chaussées, nous permit de puiser à des sources certaines les renseignements qui nous manquaient, sur le mouvement des transports par canaux et par rivières. Ces renseignements néanmoins donnèrent encore lieu à de nombreux calculs et à de nombreuses recherches avant de pouvoir être employés à l'objet auquel nous les destinions. Il y a peu de voies navigables sur lesquelles on tienne compte du chargement réel des bateaux, où l'on connaisse séparément le *plein* et le *vide* de ceux qui passent devant les bureaux de perception. Sur la plupart des rivières et des canaux on n'admet que deux catégories : les bateaux à charge, et les bateaux à vide. Or les bateaux à charge peuvent porter la totalité de leur tonnage, ou seulement une partie de celui-ci; et il est indispensable, pour apprécier l'importance des transports, que l'on connaisse la quotité moyenne de cette partie. C'était là une première cause d'incertitude dans la détermination de la circulation par eau. Une seconde cause d'incertitude était l'éloignement où se trouvent souvent l'un de l'autre les bureaux successifs de perception; cet éloignement a pour résultat de faire passer inaperçu tout le mouvement de circulation qui a lieu dans l'intervalle des deux bureaux. Outre ces occasions d'erreur, il faut encore remarquer la circonstance suivante, c'est que les bateaux peuvent quelquefois acquitter à un seul bureau tous les droits qu'ils devraient payer pendant leur voyage aux bureaux successifs, circonstance qui peut encore tromper sur l'importance absolue de la circulation devant chaque bureau.

La houille formant un des principaux articles de transport sur nos voies navigables, nous avons cru qu'il serait intéressant d'indiquer séparément le mouvement dû à la circulation de ce combustible.

Nous avons dit plus haut que nous regardions une carte des transports comme une sorte d'instrument spécial, destiné à indiquer le degré de civilisation ou de prospérité matérielle du pays, et qui doit permettre de mesurer les pas que cette civilisation a faits dans le passé et fera dans l'avenir.

Il nous sembla qu'il serait intéressant d'appliquer immédiatement cette mesure à une période quelconque de dix années, prise parmi celles qui viennent de s'écouler depuis la nouvelle organisation politique de la Belgique. La période la plus curieuse à étudier sous ce rapport était celle qui avait vu naître, se développer et s'achever le réseau complet de nos chemins de fer.

Cette période commence en 1834, époque à laquelle la loi des chemins de fer fut votée, et où l'on mit la main à l'œuvre pour leur exécution; elle se termine en 1844, lorsque les derniers tronçons de la communication nouvelle furent livrés à l'exploitation. En constatant la situation de nos transports intérieurs au commencement et à la fin de cette période, non-seulement nous marquions les progrès que nos relations internes pouvaient avoir faits, mais nous parvenions encore à signaler d'une manière précise l'influence que le chemin de fer avait exercée sur l'ensemble de nos transports en général, et sur chacune de nos voies de communication en particulier; nous parvenions à résoudre un problème, qui préoccupe vivement tous les publicistes dans les pays où l'on doit établir des chemins de fer, et qui, notamment en France, a donné lieu pendant les dernières années à de longues controverses.

Il convenait donc de dresser une carte du mouvement des transports par terre et par eau pendant l'année 1834, et une autre carte du même mouvement pendant l'année 1844.

Nous croyons qu'il ne sera pas sans intérêt de faire connaître en détail les données originales sur lesquelles nos calculs ont été basés; ceux qui voudront approfondir la question des transports, pourront trouver dans ces données des renseignements utiles.

Parlons d'abord des chaussées.

Le tableau ci-après n° 1, donne le produit de toutes les barrières établies sur les routes de l'État et des provinces, pendant les années 1834 et 1844. Il indique en même temps, dans des colonnes séparées, le nombre d'unités de transport que représente chaque produit de barrière.

Pour ne pas avoir des chiffres trop considérables, nous avons dû grouper les unités par dix mille, et ne pas admettre les fractions en dessous de ce nombre; ou, si l'on veut, nous avons adopté une nouvelle unité de transport composée de 10,000 unités ordinaires. Cette grande unité de transport comprend ainsi, soit 10,000 tonneaux de grosses marchandises, soit 5,000 tonneaux de petites marchandises, soit 30,000 voyageurs.

Nous avons déjà expliqué plus haut de quelle manière on peut calculer le nombre d'unités de transport qui ont passé devant une barrière, d'après le produit de cette barrière; nous avons montré que chaque unité de transport ordinaire correspond à une recette de 8 centimes, et que par conséquent une grande unité correspond à un produit de 800 frs. Il suffit donc, pour connaître le nombre des grandes unités, de diviser par 800 frs. le produit des barrières.

Quant à ce produit lui-même, il y a une observation essentielle à faire : c'est que, comme les barrières sont affermées en adjudication publique, et que l'on ne connait que le produit de cette adjudication, il faut y ajouter une certaine somme, que la barrière doit rapporter en sus du montant de l'adjudication, et qui représente le bénéfice de l'adjudicataire. M. Nothomb, dans un exposé des motifs, qu'il présenta comme Ministre des travaux publics, aux chambres législatives de 1838, à l'appui du projet de loi sur la taxe des barrières, estima que la somme supplémentaire, représentant les frais d'adjudication et de perception ainsi que le bénéfice de l'adjudicataire qui doivent être couverts par le produit réel de la barrière en sus du prix de l'adjudication, s'élevait en moyenne par barrière à 500 francs. Cette estimation peut être exacte comme moyenne, et nous l'avons suivie en général; mais il est évident que pour les barrières importantes elle est trop faible : ainsi, pour telle barrière qui produit 24,000 frs., le bénéfice et les frais doivent nécessairement monter à plus de 500 frs.

Il y a encore une remarque à faire sur les barrières établies à des croisements des routes, ou à des endroits où des routes s'embranchent sur d'autres. Comme la taxe se perçoit indistinctement sur toutes les voitures qui passent devant la barrière, sans distinction de direction, il y a dans ce cas des calculs à faire pour connaître séparément les transports qui s'effectuent dans chacune des trois ou des quatre directions concourant à la même barrière. Cette circonstance explique pourquoi dans le tableau ci-après nous avons répété deux fois certaines barrières ; les deux indications séparées données pour la même barrière, correspondent aux transports qui ont lieu dans les deux directions différentes.

Quelques barrières ne perçoivent que demi droit ; d'autres ne perçoivent que sur les transports qui se font dans une seule direction ; pour ces barrières l'unité de transport paie la moitié de ce qu'elle doit payer aux barrières ordinaires, c'est-à-dire, qu'elle correspond à une recette de 400 frs.

## TABLEAU N° 1.

### PRODUIT DES BARRIÈRES
ET
### Mouvement des transports sur les chaussées publiques en Belgique.

| Nos DES BARRIÈRES. | DÉSIGNATION ET EMPLACEMENT DES BARRIÈRES. | PRODUIT DES ADJUDICATIONS | | MONTANT DE | | MOUVEMENT DES TRANSPORTS. | |
|---|---|---|---|---|---|---|---|
| | | EN 1834. | EN 1844. | l'augmentation. | la diminution. | 1834. | 1844. |
| | | Francs. | Francs. | Francs. | Francs. | L'unité est 10000 tonneaux. | |
| | **ROUTES DE L'ÉTAT.** | | | | | | |
| | **Route de Bruxelles à Ostende.** | | | | | | |
| 1 | Molenbeek | 13800 | 8500 | — | 5300 | 19 | 12 |
| 2 | Zellick | 11000 | 5300 | — | 5700 | 15 | 8 |
| 3 | Assche | 8000 | 4500 | — | 3500 | 11 | 7 |
| 4 | Bouchout | 5800 | 2100 | — | 3700 | 8 | 3 |
| 5 | Erembodeghem | 5850 | 3250 | — | 2600 | 8 | 5 |
| 6 | Alost | 7000 | 3300 | — | 3700 | 10 | 5 |
| 7 | Erondeghem | 6050 | 1625 | — | 4425 | 9 | 3 |
| 8 | Massemen, Westrem | 6100 | 2400 | — | 3700 | 9 | 4 |
| 9 | Melle (avant la réunion à la route de Grammont) | 10500 | 6100 | — | 4400 | 10 | 5 |
| 9' | Melle (après la réunion à la route de Grammont) | | | | | 15 | 9 |
| 10 | Ledeberg | 12250 | 8300 | — | 3950 | 17 | 12 |
| 11 | Gand | 4650 | 3750 | — | 900 | 7 | 6 |
| 12 | Lovendeghem | 4000 | 2925 | — | 1075 | 6 | 5 |
| 13 | Somerghem | 3250 | 2350 | — | 900 | 5 | 4 |
| 14 | Waerschoot | 3675 | 2600 | — | 1075 | 6 | 4 |
| 15 | Eecloo | 2750 | 2300 | — | 450 | 4 | 4 |
| 16 | Maldeghem | 2350 | 1625 | — | 725 | 4 | 3 |
| 17 | Maldeghem | 2225 | 1400 | — | 825 | 4 | 3 |
| 18 | Sysseele | 2650 | 1625 | — | 1025 | 4 | 3 |
| 19 | Ste-Croix | 3560 | 2625 | — | 935 | 5 | 4 |
| 20 | Zandweghe | 1920 | 1925 | 5 | — | 3 | 3 |
| 21 | Houttave, au Strooijenhaen | 2150 | 1625 | — | 525 | 3 | 3 |

| Nos DES BARRIÈRES. | DÉSIGNATION ET EMPLACEMENT DES BARRIÈRES. | PRODUIT DES ADJUDICATIONS. | | MONTANT DE | | MOUVEMENT DES TRANSPORTS. | |
|---|---|---|---|---|---|---|---|
| | | EN 1834. | EN 1844. | l'augmentation. | la diminution. | 1834. | 1844. |
| | | Francs. | Francs. | Francs. | Francs. | L'unité est 10000 tonneaux. | |
| 22 | Lepelhem | 2000 | 925 | — | 1075 | 3 | 2 |
| 23 | Écluse bleue (1) | 1500 | 450 | — | 1050 | 3 | 2 |
| 24 | Slykens (2) | 1000 | 1025 | 25 | — | 3 | 3 |
| | **Route de Bruxelles vers Valenciennes.** | | | | | | |
| 1 | Cureghem | 22100 | 10700 | — | 11400 | 30 | 15 |
| 2 | Petit Bigard | 14200 | 5600 | — | 8600 | 20 | 8 |
| 3 | Brukom | 13900 | 5600 | — | 8300 | 19 | 8 |
| 4 | Hal | 15600 | 6400 | — | 9200 | 21 | 8 |
| 4 | Hal | | | | | 14 | |
| 5 | Tubise | 9700 | 7000 | — | 2700 | 14 | 10 |
| 6 | Hennuyères | 8800 | 4300 | — | 4500 | 12 | 6 |
| 7 | Braine-le-Comte | 8300 | 2700 | — | 5600 | 12 | 4 |
| 8 | Connebeau | 7500 | 2500 | — | 5000 | 11 | 4 |
| 9 | Casteau | 6500 | 2300 | — | 4200 | 9 | 4 |
| 10 | Grenadier | 15000 | 9900 | — | 5100 | 11 | 6 |
| 10 | Grenadier | | | | | 21 | 14 |
| 11 | Trois Fontaines | 13100 | 17000 | 3900 | — | 21 | 16 |
| 11 | Trois Fontaines | | | | | 18 | 23 |
| 12 | Quaregnon | 9300 | 13100 | 3800 | — | 13 | 18 |
| 13 | Boussu | 7000 | 3600 | — | 3400 | 10 | 5 |
| 14 | Saint-Homme | 4350 | 3300 | — | 1050 | 6 | 5 |
| 15 | Quiévrain | 2075 | 2400 | 325 | — | 3 | 4 |
| | **Route de Bruxelles vers Trèves.** | | | | | | |
| 1 | St.-Gilles (3) | 21600 | 16200 | — | 5400 | 29 | 22 |
| 2 | Vivier d'Oie | 20900 | 15000 | — | 5900 | 29 | 21 |
| 3 | Espinette | 19200 | 14200 | — | 5000 | 26 | 20 |
| 4 | Mont St.-Jean | 20600 | 13500 | — | 7100 | 27 | 19 |
| 4 | Mont St.-Jean | | | | | 14 | 10 |
| 5 | Maison du Roi | 10000 | 7500 | — | 2500 | 14 | 11 |

(1) Les chemins de traverse de Breedene et de Klemskerke, sont exempts de la taxe. — (2) Le chemin de Lisseweghe est exempt de la taxe. — (3) Perçoit dans les trois directions.

| N^os DES BARRIÈRES. | DÉSIGNATION ET EMPLACEMENT DES BARRIÈRES. | PRODUIT DES ADJUDICATIONS. | | MONTANT DE | | MOUVEMENT DES TRANSPORTS. | |
|---|---|---|---|---|---|---|---|
| | | EN 1834. | EN 1844. | l'augmentation. | la diminution. | 1834. | 1844. |
| | | Francs. | Francs. | Francs. | Francs. | L'unité est 10000 tonneaux. | |
| 6 | Genappe | 10100 | 10000 | — | 100 | 14 | 14 |
| 7 | Quatre Bras | 12000 | 12200 | 200 | — | 14 | 14 |
| 7 | Quatre Bras | | | | | 3 | 3 |
| 8 | Sart-Dame-Avelines | 2700 | 2000 | — | 700 | 4 | 3 |
| 9 | Trois Burettes | 2200 | 1700 | — | 500 | 4 | 3 |
| 10 | Le Docq | 15000 | 14500 | — | 500 | 5 | 5 |
| 10 | Le Docq | | | | | 5 | 5 |
| 11 | Mazy | 3450 | 3100 | — | 350 | 5 | 5 |
| 12 | Temploux | 5000 | 3750 | — | 1250 | 7 | 6 |
| 13 | Belgrade | 6500 | 5000 | — | 1500 | 9 | 7 |
| 14 | Erpent | 4500 | 4700 | 200 | — | 7 | 7 |
| 15 | Quinaux | 3510 | 3400 | — | 110 | 5 | 5 |
| 16 | Vivier-L'Agneau | 2820 | 3400 | 580 | — | 4 | 5 |
| 17 | Natoye | 2610 | 2150 | — | 460 | 4 | 4 |
| 18 | Emptinne | 2600 | 2500 | — | 100 | 4 | 4 |
| 19 | Pessoux | 2640 | 2000 | — | 640 | 4 | 3 |
| 20 | Sinsin | 2500 | 1700 | — | 800 | 4 | 3 |
| 21 | Aye | 1550 | 1550 | — | — | 3 | 3 |
| 22 | Hologne | 1950 | 2300 | 350 | — | 3 | 4 |
| 23 | Grune | 1800 | 1800 | — | — | 3 | 3 |
| 24 | Bois de Bande | 2000 | 2000 | — | — | 3 | 3 |
| 25 | Champlon | 1930 | 2000 | 70 | — | 3 | 3 |
| 26 | Ortheuville | 2120 | 1950 | — | 170 | 3 | 3 |
| 27 | Herbeumont | 1810 | 2300 | 490 | — | 3 | 4 |
| 28 | Flamisoul | 1700 | 1750 | 50 | — | 3 | 3 |
| 29 | Isle-la-Hesse | 1640 | 1900 | 260 | — | 3 | 3 |
| 30 | Notre Dame de Bonne Conduite | 1610 | 2350 | 740 | — | 3 | 4 |
| 31 | Bois de Losange | 1500 | 2650 | 1150 | — | 3 | 4 |
| 32 | Malmaison | 1400 | 2800 | 1400 | — | 3 | 4 |
| 33 | Warnach | 1510 | 2500 | 990 | — | 3 | 4 |
| 34 | Martelange | 1400 | 2800 | 1400 | — | 3 | 4 |
| 35 | Bois des Pendus | 1840 | 2750 | 910 | — | 3 | 4 |
| 36 | Attert | 2000 | 2850 | 850 | — | 3 | 4 |

| Nos DES BARRIÈRES. | DÉSIGNATION ET EMPLACEMENT DES BARRIÈRES. | PRODUIT DES ADJUDICATIONS. | | MONTANT DE | | MOUVEMENT DES TRANSPORTS. | |
|---|---|---|---|---|---|---|---|
| | | EN 1834. | EN 1844. | l'augmentation. | la diminution. | 1834. | 1844. |
| | | Francs. | Francs. | Francs. | Francs. | L'unité est 10000 tonneaux. | |
| 37 | Quatre Vents | 2400 | 3800 | 1400 | — | 4 | 6 |
| 38 | Autel-Haut | 2710 | 3650 | 940 | — | 4 | 6 |
| | **Route de Namur vers Givet.** | | | | | | |
| 1 | La Plante | 5040 | 5600 | 560 | — | 7 | 8 |
| 2 | Fooz | 3800 | 4400 | 600 | — | 6 | 7 |
| 3 | Burnot | 3710 | 4600 | 890 | — | 6 | 7 |
| 4 | Moulin | 3030 | 4000 | 970 | — | 5 | 6 |
| 5 | Bouvigne | 3550 | 4150 | 600 | — | 5 | 6 |
| 6 | Anseremme | 4000 | 3100 | — | 900 | 6 | 5 |
| 7 | Falmignoul | 2600 | 3100 | 500 | — | 4 | 5 |
| 8 | Heer (1) | 510 | 550 | 40 | — | 3 | 2 |
| | **Route de Bruxelles vers Malmédy.** | | | | | | |
| 1 | St-Josse-ten-Noode | 16300 | 12700 | — | 3600 | 22 | 18 |
| 2 | Woluwe | 10100 | 5100 | — | 5000 | 14 | 7 |
| 3 | Nosseghem | 9100 | 4000 | — | 5100 | 13 | 6 |
| 4 | Erbs-Querbs | 10400 | 3800 | — | 6600 | 15 | 6 |
| 5 | Montagne de fer | 11200 | 4000 | — | 7200 | 16 | 6 |
| 6 | Corbeek | 13300 | 4700 | — | 8600 | 18 | 7 |
| 7 | Bautersem | 12200 | 3500 | — | 8700 | 17 | 5 |
| 8 | Cumptich | 12500 | 2900 | — | 9600 | 17 | 5 |
| 9 | Haekendover | 11300 | 2800 | — | 8500 | 16 | 4 |
| 10 | Orsmael | 10500 | 2000 | — | 8500 | 15 | 3 |
| 11 | Bergen-op-Zoom | 10710 | 3000 | — | 7710 | 15 | 5 |
| 12 | Brusthem | 9910 | 3025 | — | 6885 | 14 | 5 |
| 13 | Gelinden | 10040 | 4100 | — | 5940 | 14 | 6 |
| 14 | Heers | 10070 | 4100 | — | 5970 | 14 | 6 |
| 15 | Oreye | 11600 | 5400 | — | 6200 | 16 | 8 |
| 16 | Odeur | 11900 | 5300 | — | 6600 | 17 | 8 |
| 17 | Loncin | 12600 | 7250 | — | 5350 | 17 | 10 |

(1) Cette barrière ne perçoit que dans la direction de la Belgique.

| Nos DES BARRIÈRES. | DÉSIGNATION ET EMPLACEMENT DES BARRIÈRES. | PRODUIT DES ADJUDICATIONS | | MONTANT DE | | MOUVEMENT DES TRANSPORTS. | |
|---|---|---|---|---|---|---|---|
| | | EN 1834. | EN 1844. | l'augmentation. | la diminution. | 1834. | 1844. |
| | | Francs. | Francs. | Francs. | Francs. | L'unité est 10000 tonneaux. | |
| 18 | Ans (1) | 10800 | 7300 | — | 3500 | 15 | 11 |
| 19 | Grivegnée (2) | | | | | 18 | |
| 19 | Grivegnée | — | — | — | — | 11 | 11 |
| 20 | Embourg (3) | — | — | — | — | 4 | 6 |
| 21 | Beaufays (4) | — | — | — | — | 3 | 4 |
| 22 | Louveignez | 1050 | 1025 | — | 25 | 2 | 3 |
| 23 | Month | 610 | 120 | — | 490 | 1 | 1 |
| 24 | Spixhe | 2200 | 4450 | 2250 | — | 4 | 7 |
| 25 | Marteau | 2700 | 4450 | 1750 | — | 4 | 7 |
| 26 | Sauvenière | 1590 | 1800 | 210 | — | 3 | 3 |
| 27 | Francorchamps (5) | 1300 | 950 | — | 350 | 3 | 3 |
| 28 | l'Eau Rouge (6) | 200 | 170 | — | 30 | 4 | 4 |
| | **Route de St-Trond vers Aix-la-Chapelle.** | | | | | | |
| 1 | Brusthem | 3000 | 2050 | — | 950 | 5 | 3 |
| 2 | Gothem | 2710 | 1650 | — | 1060 | 4 | 3 |
| 3 | Grand-Looz | 3000 | 1525 | — | 1475 | 5 | 3 |
| 4 | Tongres (7) | 3480 | 2775 | — | 705 | 5 | 5 |
| 5 | Berg | 2500 | 2800 | 300 | — | 4 | 4 |
| 6 | Herderen | 2000 | 1825 | — | 175 | 3 | 3 |
| 7 | Vroenhoven | 1250 | 350 | — | 900 | 2 | 1 |
| 8 | Veltwezelt | — | 725 | — | — | 0 | 2 |
| | **Route de Francorchamps à Stavelot.** | | | | | | |
| 1 | Francorchamps | — | 600 | — | — | 1 | 11 |
| 2 | Montagne de Stavelot (8) | 180 | 880 | 700 | — | 1 | 21 |
| 3 | Eau Rouge | 400 | 235 | — | 165 | 1 | 1 |

(1) Cette barrière ne perçoit pas vers Bierset. — (2) Concédée à la société de la route de la Vesdre. — (3) Concédée à la société de la route de l'Amblève. — (4) Concédée à la société de la route de l'Amblève. — (5) On ne perçoit que demi-taxe vers la Prusse. — (6) On ne perçoit que demi-taxe et seulement dans la direction de Francorchamps. — (7) La taxe ne sera pas perçue en allant à Tongres par les chemins de Pirenge et Vechtmael qui débouchent à la Maison Zoom. — (8) Taxe entière vers Francorchamps; demi-taxe vers Stavelot.

| Nos DES BARRIÈRES. | DÉSIGNATION ET EMPLACEMENT DES BARRIÈRES. | PRODUIT DES ADJUDICATIONS. | | MONTANT DE | | MOUVEMENT DES TRANSPORTS. | |
|---|---|---|---|---|---|---|---|
| | | EN 1834. | EN 1844. | l'augmentation. | la diminution. | 1834. | 1844. |
| | | Francs. | Francs. | Francs. | Francs. | L'unité est 10000 tonneaux. | |
| | **Route de Liége vers Visé (rive gauche de la Meuse.)** | | | | | | |
| 1 | Coronmeuse | 3100 | 7000 | 3900 | — | 5 | 10 |
| 2 | Herstal (1) | 1480 | 2100 | 620 | — | 4 | 3 |
| 3 | Oupeye | — | 675 | — | — | 0 | 2 |
| 4 | Trois petits hommes | — | 135 | — | — | 0 | 1 |
| | **Route de Bruxelles vers Breda.** | | | | | | |
| 1 | Pont de Laeken | 12100 | 5300 | — | 6800 | 17 | 8 |
| 2 | Trois Fontaines | 14100 | 5000 | — | 9100 | 19 | 7 |
| 3 | Eppeghem | 7800 | 3200 | — | 4600 | 11 | 5 |
| 4 | Geerdeghem | 9500 | 3200 | — | 6300 | 13 | 5 |
| 5 | Boemer | 10850 | 2720 | — | 8130 | 15 | 4 |
| 6 | Rumst | 9950 | 2500 | — | 7450 | 14 | 4 |
| 7 | Contich | 10600 | 2100 | — | 8500 | 16 | 3 |
| 8 | Vieux-Dieu | 17550 | 8900 | — | 8650 | 17 | 5 |
| 8 | Vieux-Dieu | | | | | 23 | 13 |
| 9 | Berchem | 21000 | 13400 | — | 7600 | 29 | 19 |
| 10 | Petit-Schyn | 11000 | 13200 | 2200 | — | 15 | 18 |
| 11 | Nouvelle maison de barrière | 8150 | 8450 | 300 | — | 12 | 12 |
| 12 | Roozendael | 4700 | 3850 | — | 850 | 7 | 6 |
| 13 | Gorend | 500 | 2100 | 1600 | — | 1 | 3 |
| 14 | Westwezel | 500 | 1950 | 1450 | — | 1 | 3 |
| 15 | A la limite | — | 700 | — | — | 1 | 2 |
| | **Route d'Anvers vers Lille.** | | | | | | |
| 0 | (2) | | | | | 5 | 2 |
| 1 | Zwyndrecht | 3600 | 1200 | — | 2400 | 5 | 2 |
| 2 | Melsele | 2900 | 2400 | — | 500 | 5 | 4 |

(1) Taxe entière vers Liége, et demi-taxe vers Visé. — (2) Origine de la route.

| N<sup></sup>os DES BARRIÈRES. | DÉSIGNATION ET EMPLACEMENT DES BARRIÈRES. | PRODUIT DES ADJUDICATIONS. | | MONTANT DE | | MOUVEMENT DES TRANSPORTS. | |
|---|---|---|---|---|---|---|---|
| | | EN 1834. | EN 1844. | l'augmentation. | la diminution. | 1834. | 1844. |
| | | Francs. | Francs. | Francs. | Francs. | L'unité est 10000 tonneaux. | |
| 3 | Beveren | 3250 | 1875 | — | 1375 | 5 | 3 |
| 4 | St-Nicolas | 3300 | 2325 | — | 975 | 5 | 4 |
| 5 | Belcele | 3450 | 3200 | — | 250 | 5 | 5 |
| 6 | Belcele | — | 1600 | — | — | 4 | 3 |
| 7 | Lokeren | 2600 | 2425 | — | 175 | 4 | 4 |
| 8 | Lokeren | 4400 | 3450 | — | 950 | 7 | 5 |
| 9 | Zeven Eecke | 4000 | 3100 | — | 900 | 6 | 5 |
| 10 | Loochristy | 4000 | 4325 | 325 | — | 6 | 6 |
| 11 | Oostacker | 6250 | 5000 | — | 1250 | 9 | 7 |
| 12 | Gand | 11800 | 8500 | — | 3300 | 16 | 9 |
| 13 | Laethem | 4700 | 1750 | — | 2950 | 7 | 3 |
| 14 | Astene | 4900 | 2000 | — | 2900 | 7 | 3 |
| 15 | Peteghem | 3150 | 850 | — | 2300 | 5 | 2 |
| 16 | Zulte | 3050 | 950 | — | 2100 | 5 | 2 |
| 16 | Vive St-Eloy | 2400 | 1525 | — | 875 | 4 | 3 |
| 17 | Beveren | 2900 | 1900 | — | 1000 | 5 | 3 |
| 18 | Harlebeke | 3200 | 3500 | 300 | — | 5 | 5 |
| 19 | Marcke | 1750 | 1900 | 150 | — | 3 | 3 |
| 20 | Aelbeke | 2075 | 1650 | — | 425 | 3 | 3 |
| 21 | Mouscron (1) | 820 | 750 | — | 70 | 3 | 3 |
| | **Route de Maestricht vers Wezel.** | | | | | | |
| 1 | Hocht (2) | 1210 | 700 | — | 510 | 2 | 1 |
| 2 | Machelen | 1000 | 625 | — | 375 | 2 | 1 |
| 3 | Eysden | 600 | 600 | — | — | 1 | 1 |
| 4 | Dilsen | 405 | 375 | — | 30 | 1 | 1 |
| 5 | Graeijenbosch | 405 | 425 | 20 | — | 1 | 1 |
| 6 | Ophoven | 750 | 375 | — | 375 | 2 | 2 |

(1) Cette barrière ne perçoit que dans la direction de Courtray. — (2) Taxe entière dans les trois directions.

| Nos DES BARRIÈRES. | DÉSIGNATION ET EMPLACEMENT DES BARRIÈRES. | PRODUIT DES ADJUDICATIONS | | MONTANT DE | | MOUVEMENT DES TRANSPORTS. | |
|---|---|---|---|---|---|---|---|
| | | EN 1834. | EN 1844. | l'augmentation. | la diminution. | 1834. | 1844. |
| | | Francs. | Francs. | Francs. | Francs. | L'unité est 10000 tonneaux. | |
| | **Route d'Ostende à Arlon.** | | | | | | |
| 1 | Digue de Steene | 200 | 1375 | 1175 | — | 1 | 2 |
| 2 | Middelkerke | 910 | 1675 | 765 | — | 2 | 3 |
| 3 | Westende | 560 | 1125 | 565 | — | 1 | 2 |
| 4 | Schoorbakke | 800 | 240 | — | 560 | 2 | 1 |
| 5 | Pervyse | 190 | 1130 | 940 | — | 1 | 1 |
| 6 | Furnes | 520 | 795 | 275 | — | 1 | 2 |
| 7 | Adinkerke | 50 | 300 | 250 | — | 1 | 1 |
| 8 | Adinkerke | 80 | 5 | — | 75 | 1 | 1 |
| 9 | Krommevaert | 920 | 1975 | 1055 | — | 2 | 3 |
| 10 | Alveringhem | 1170 | 1540 | 370 | — | 2 | 3 |
| 11 | Elsendamme | 1330 | 1525 | 195 | — | 2 | 3 |
| 12 | Oostvletteren | 890 | 750 | — | 140 | 2 | 2 |
| 13 | Elverdinghe | 900 | 1800 | 900 | — | 2 | 3 |
| 14 | Brielen | 1440 | 1860 | 420 | — | 3 | 3 |
| 14 | Brielen | | | | | 5 | 6 |
| 15 | Zillebeke | 3530 | 4270 | 740 | — | 5 | 6 |
| 16 | Gheluvelt | 3010 | 4480 | 1470 | — | 5 | 7 |
| 17 | Gheluwe | 4120 | 5350 | 1230 | — | 6 | 8 |
| 18 | Wevelghem | 5400 | 6200 | 800 | — | 8 | 9 |
| 19 | Bisseghem | 5700 | 6600 | 900 | — | 8 | 9 |
| 20 | Courtray | 5250 | 5450 | 200 | — | 8 | 8 |
| 21 | Belleghem | 5300 | 4475 | — | 825 | 8 | 7 |
| 22 | Barrière de fer | 1560 | 6400 | 4840 | — | 7 | 7 |
| 23 | Esquelmes | 4200 | 5100 | 900 | — | 6 | 7 |
| 24 | Faubourg de mer | 7400 | 7200 | — | 200 | 11 | 10 |
| 25 | Crampon | 10800 | 10300 | — | 500 | 15 | 14 |
| 26 | Barry | 10700 | 10200 | — | 500 | 14 | 14 |
| 26 | Barry | | | | | 10 | 8 |
| 27 | Braffe | 7000 | 5800 | — | 1200 | 10 | 8 |
| 28 | Basècles | 13200 | 11800 | — | 1400 | 18 | 16 |
| 29 | Grand-Glise | 16000 | 11600 | — | 4400 | 22 | 16 |
| 30 | Hautrage | 13100 | 13100 | — | — | 18 | 18 |

| Nos DES BARRIÈRES. | DÉSIGNATION ET EMPLACEMENT DES BARRIÈRES. | PRODUIT DES ADJUDICATIONS | | MONTANT DE | | MOUVEMENT DES TRANSPORTS. | |
|---|---|---|---|---|---|---|---|
| | | EN 1834. | EN 1844. | l'augmentation. | la diminution. | 1834. | 1844. |
| | | Francs. | Francs. | Francs. | Francs. | L'unité est 10000 tonneaux. | |
| 31 | Tertre. | 18100 | 19800 | 1700 | — | 25 | 20 |
| 32 | Petit Versailles | 12000 | 9500 | — | 2500 | 17 | 13 |
| 32 | Petit Versailles | | | | | 5 | 5 |
| 33 | Harmignies | 2325 | 3200 | 875 | — | 4 | 5 |
| 34 | Givry | 2675 | 3500 | 825 | — | 4 | 5 |
| 35 | Aubreux | 2975 | 2950 | — | 25 | 5 | 5 |
| 36 | Pont de Sambre | 3800 | 3500 | — | 300 | 6 | 5 |
| 37 | Montignies-St-Christophe | 2850 | 2400 | — | 450 | 4 | 4 |
| 38 | Chant-des-Oiseaux | 3200 | 3100 | — | 100 | 5 | 5 |
| 39 | Barbançon | 900 | 1550 | 650 | — | 2 | 3 |
| 40 | Bossu-lez-Walcourt | 375 | 1300 | 925 | — | 1 | 2 |
| 41 | Silenrieux | 200 | 1025 | 825 | — | 1 | 2 |
| 42 | Daussois | 160 | 500 | 340 | — | 1 | 1 |
| 43 | Bauregard | 120 | 600 | 480 | — | 1 | 1 |
| 44 | Vodecée | 860 | 1700 | 840 | — | 2 | 2 |
| 45 | Rosée | 1000 | 1200 | 200 | — | 2 | 2 |
| 46 | Anthée | 1200 | 1300 | 100 | — | 2 | 2 |
| 47 | Gerin | 1250 | 1350 | 100 | — | 2 | 2 |
| 48 | Onhaye | 1690 | 2200 | 510 | — | 3 | 4 |
| 49 | Froidveau | — | 2200 | — | — | — | 4 |
| 50 | Celle | — | 2000 | — | — | — | 3 |
| 51 | Sansinne | — | 1600 | — | — | — | 3 |
| 52 | Vignée | — | 1250 | — | — | — | 2 |
| 53 | Genimont | — | 1150 | — | — | — | 2 |
| 54 | Halma | — | 550 | — | — | — | 1 |
| 55 | Côtes de Neupont | 560 | 1200 | 640 | — | 1 | 2 |
| 56 | Transinnes | 600 | 1100 | 500 | — | 1 | 2 |
| 57 | Libin | 510 | 1000 | 490 | — | 1 | 2 |
| 58 | Ochamps | 440 | 800 | 360 | — | 1 | 2 |
| 59 | Recogne | 600 | 1150 | 550 | — | 1 | 1 |
| 60 | Verlaine | 520 | 1000 | 480 | — | 1 | 2 |
| 61 | Semel | 510 | 800 | 290 | — | 1 | 2 |
| 62 | Offet | 810 | 1200 | 390 | — | 2 | 2 |

| Nos DES BARRIÈRES. | DÉSIGNATION ET EMPLACEMENT DES BARRIÈRES. | PRODUIT DES ADJUDICATIONS | | MONTANT DE | | MOUVEMENT DES TRANSPORTS. | |
|---|---|---|---|---|---|---|---|
| | | EN 1834. | EN 1844. | l'augmentation. | la diminution. | 1834. | 1844. |
| | | Francs. | Francs. | Francs. | Francs. | L'unité est 10000 tonneaux. | |
| 63 | L'Église | 930 | 1700 | 770 | — | 2 | 3 |
| 64 | Behême | 1150 | 1200 | 50 | — | 2 | 2 |
| 65 | Bologne | 1160 | 1400 | 240 | — | 2 | 3 |
| 66 | Ferme du Bois Rond | 1150 | 1800 | 650 | — | 2 | 3 |
| 67 | Fouches | 1440 | 2700 | 1260 | — | 3 | 4 |
| 68 | Stockem | 1960 | 3300 | 1340 | — | 3 | 4 |
| | **Route en gravier de Nieuport par Furnes vers Dunkerque.** | | | | | | |
| 1 | Oost-Duinkerke, ou Steendam | — | 1000 | — | — | — | 2 |
| 2 | Torreele-lez-Furnes | — | 1000 | — | — | — | 2 |
| 3 | Furnes | — | 1400 | — | — | — | 3 |
| 4 | Adinkerke | — | 150 | — | — | — | 1 |
| | **Route de Roulers à Iseghem.** | | | | | | |
| 1 | Rumbeke | — | 2550 | — | — | — | 4 |
| 2 | Iseghem | — | 3325 | — | — | — | 5 |
| | **Route de Bastogne à Aywaille.** | | | | | | |
| 1 | Mabafoy | — | 1350 | — | — | — | 2 |
| 2 | Noville | — | 1400 | — | — | — | 3 |
| 3 | Wicourt | — | 1500 | — | — | — | 3 |
| 4 | Houffalize | — | 1800 | — | — | — | 3 |
| 5 | Dinez | — | 1350 | — | — | — | 2 |
| 6 | Picherotte | — | 750 | — | — | — | 2 |
| 7 | Fraiture | — | 1050 | — | — | — | 2 |
| 8 | Manhay | — | 1050 | — | — | — | 2 |
| 9 | Chêne-à-la-Pierre | — | 950 | — | — | — | 2 |
| 10 | Champs-de-Harre | — | 950 | — | — | — | 2 |
| 11 | Basse-Bosson | — | 1300 | — | — | — | 2 |
| 12 | Harzé | — | 1250 | — | — | — | 2 |
| 13 | Aywaille | — | 1000 | — | — | — | 2 |

| Nos DES BARRIÈRES. | DÉSIGNATION ET EMPLACEMENT DES BARRIÈRES. | PRODUIT DES ADJUDICATIONS | | MONTANT DE | | MOUVEMENT DES TRANSPORTS. | |
|---|---|---|---|---|---|---|---|
| | | EN 1834. | EN 1844. | l'augmentation. | la diminution. | 1834. | 1844. |
| | | Francs. | Francs. | Francs. | Francs. | L'unité est 10000 tonneaux. | |
| | **Route de Bruxelles vers Termonde.** | | | | | | |
| 0 | (1) | | | | | 3 | 2 |
| 1 | Opwyck (2) | 2250 | 950 | — | 1300 | 3 | 2 |
| 2 | St-Gilles | 2600 | 3025 | 425 | — | 4 | 5 |
| | **Route de Bruxelles par Ninove à Audenaerde.** | | | | | | |
| 1 | Ransfort | 2150 | 4400 | 2250 | — | 4 | 7 |
| 2 | Dilbeek | 1900 | 3800 | 1900 | — | 3 | 6 |
| 3 | Schepdael | 1850 | 2900 | 1050 | — | 3 | 5 |
| 4 | Strytem | 700 | 2700 | 2000 | — | 2 | 4 |
| 5 | Meerbeek | 700 | 2025 | 1325 | — | 2 | 3 |
| 6 | Oultre | — | 900 | — | — | — | 2 |
| 7 | Steenhuyze-Wynhuyze | — | 800 | — | — | — | 2 |
| 8 | Lierde Ste-Marie | — | 350 | — | — | — | 1 |
| 9 | (3) | | | | | — | 1 |
| | **Route de Bruxelles vers Tournay.** | | | | | | |
| 0 | (4) | | | | | 7 | 3 |
| 1 | Ste-Renelde | 4800 | 3200 | — | 1600 | 7 | 5 |
| 2 | Petit-Enghien | 3000 | 3000 | — | — | 5 | 5 |
| 3 | Marcq | 3450 | 2600 | — | 850 | 5 | 4 |
| 4 | Bassilly | 3600 | 2300 | — | 1300 | 5 | 4 |
| 5 | Ghislenghien | 12600 | 8800 | — | 3800 | 6 | 4 |
| 6 | Pavillon | 4050 | 2400 | — | 1650 | 6 | 4 |
| 7 | Irchonwelz | 3200 | 4000 | 800 | — | 5 | 6 |

(1) Origine de la route. — (2) Perçoit dans les trois directions. — (3) Extrémité de la route. — (4) Origine de la route.

| Nos DES BARRIÈRES. | DÉSIGNATION ET EMPLACEMENT DES BARRIÈRES. | PRODUIT DES ADJUDICATIONS | | MONTANT DE | | MOUVEMENT DES TRANSPORTS. | |
|---|---|---|---|---|---|---|---|
| | | EN 1834. | EN 1844. | l'augmentation. | la diminution. | 1834. | 1844. |
| | | Francs. | Francs. | Francs. | Francs. | L'unité est 10000 tonneaux. | |
| 8 | Pot-Troué. . . . . . . . . . . . | 4600 | 3700 | — | 900 | 7 | 6 |
| 9 | Pipaix. . . . . . . . . . . . . . | 2625 | 4400 | 1775 | — | 4 | 7 |
| 10 | (1) | | | | | 4 | 6 |
| | **Route de Bruxelles vers Binche.** | | | | | | |
| 0 | (2) | | | | | 15 | 9 |
| 1 | Lillois. . . . . . . . . . . . . . | 10600 | 6000 | — | 4600 | 15 | 9 |
| 2 | Baulers . . . . . . . . . . . . | 10600 | 6500 | — | 4100 | 15 | 9 |
| 3 | Sablon . . . . . . . . . . . . | 11400 | 10100 | — | 1300 | 16 | 14 |
| 4 | Seneffe . . . . . . . . . . . . | 18300 | 10200 | — | 8100 | 25 | 14 |
| 5 | Fayt . . . . . . . . . . . . . | 25100 | 18500 | — | 6600 | 34 | 25 |
| 6 | Haine-St.-Paul . . . . . . . . . | 5100 | 5300 | 200 | — | 7 | 8 |
| 7 | (3) | | | | | 6 | 7 |
| | **Route de Bruxelles à Rocroy par Charleroy et Philippeville.** | | | | | | |
| 0 | (4) | | | | | 18 | 17 |
| 1 | Pont-à-Migneloux . . . . . . . | 13100 | 12500 | — | 600 | 18 | 17 |
| 2 | Gosselies . . . . . . . . . . . | 12200 | 11600 | — | 600 | 17 | 16 |
| 3 | Lodelinsart . . . . . . . . . . | 16600 | 15500 | — | 1100 | 22 | 16 |
| 4 | Couillet. . . . . . . . . . . . | 10400 | 12500 | 2100 | — | 15 | 17 |
| 5 | Gerpinne . . . . . . . . . . . | 11000 | 14100 | 3100 | — | 15 | 19 |
| 6 | Somzée . . . . . . . . . . . . | 5200 | 11400 | 6200 | — | 8 | 16 |
| 7 | Fraire. . . . . . . . . . . . . | 5000 | 8400 | 3400 | — | 7 | 10 |
| 8 | Jamagne. . . . . . . . . . . . | 1760 | 4500 | 2740 | — | 3 | 7 |
| 9 | Neuville. . . . . . . . . . . . | 2210 | 3350 | 1140 | — | 4 | 5 |
| 10 | Grand-Mont . . . . . . . . . . | 2010 | 3250 | 1240 | — | 3 | 5 |
| 11 | Marienbourg. . . . . . . . . . | 1850 | 2650 | 800 | — | 3 | 4 |
| 12 | Couvin . . . . . . . . . . . . | 1560 | 2800 | 1240 | — | 3 | 4 |
| 13 | L'Hermitage. . . . . . . . . . | 1700 | 1800 | 100 | — | 3 | 3 |
| 14 | Moulin-Manteau (5). . . . . . . | 750 | 1000 | 250 | — | 3 | 4 |

(1) Extrémité de la route. — (2) Origine de la route. — (3) Extrémité de la route. — (4) Origine de la route. — (5) Cette barrière ne perçoit que dans la direction de la Belgique.

| Nos DES BARRIÈRES. | DÉSIGNATION ET EMPLACEMENT DES BARRIÈRES. | PRODUIT DES ADJUDICATIONS | | MONTANT DE | | MOUVEMENT DES TRANSPORTS. | |
|---|---|---|---|---|---|---|---|
| | | EN 1834. | EN 1844. | l'augmentation. | la diminution. | 1834. | 1844. |
| | | Francs. | Francs. | Francs. | Francs. | L'unité est 10000 tonneaux. | |
| | **Route de Bruxelles à Namur par Gembloux.** | | | | | | |
| 1 | Etterbeek (1) | 10100 | 10000 | — | 100 | 14 | 14 |
| 2 | Auderghem | 8200 | 9700 | 1500 | — | 12 | 14 |
| 2 | Auderghem | | | | | 7 | 9 |
| 3 | Notre-Dame-au-bois | 4100 | 4500 | 400 | — | 6 | 7 |
| 4 | Overyssche | 3600 | 3500 | — | 100 | 5 | 5 |
| 5 | Wavre | 3100 | 2650 | — | 450 | 5 | 4 |
| 6 | Manil | 3500 | 2650 | — | 850 | 5 | 4 |
| 7 | Corbais | 3600 | 2400 | — | 1200 | 5 | 4 |
| 8 | Nil-Pierreux | 4000 | 2200 | — | 1800 | 6 | 4 |
| 9 | Gembloux (2) | 9300 | 7200 | — | 2100 | 6 | 4 |
| 9 | Gembloux | | | | | 3 | 2 |
| 10 | Beuzet | 1800 | 1350 | — | 450 | 3 | 2 |
| 11 | Rhisnes | 2100 | 2800 | 700 | — | 3 | 4 |
| 12 | St-Servais | 4200 | 6100 | 1900 | — | 6 | 9 |
| | **Route de Malines à Namur par Louvain.** | | | | | | |
| 1 | Malines | 7000 | 2600 | — | 4400 | 10 | 4 |
| 2 | Hever | 5700 | 1400 | — | 4300 | 8 | 3 |
| 3 | Campenhout (3) | 6100 | 1300 | — | 4800 | 9 | 3 |
| 4 | Winxel | 6100 | 1500 | — | 4600 | 9 | 3 |
| 5 | Herent | 7400 | 2500 | — | 4900 | 11 | 4 |
| 6 | Heverlé | 7900 | 7200 | — | 700 | 11 | 10 |
| 7 | Blanden | 8000 | 7000 | — | 1000 | 11 | 10 |
| 8 | Hamme (4) | 7100 | 5000 | — | 2100 | 10 | 7 |
| 8 | Hamme | | | | | 9 | 6 |
| 9 | Piétrebais | 6300 | 4300 | — | 2000 | 9 | 6 |

(1) Ne perçoit que dans la direction de Bruxelles vers Auderghem et d'Auderghem vers Bruxelles. — (2) Perçoit dans les quatre directions. — (3) Perçoit dans les quatre directions. — (4) Perçoit dans les trois directions.

| Nos DES BARRIÈRES. | DÉSIGNATION ET EMPLACEMENT DES BARRIÈRES. | PRODUIT DES ADJUDICATIONS EN 1834. | EN 1844. | MONTANT DE l'augmentation. | la diminution. | MOUVEMENT DES TRANSPORTS. 1834. | 1844. |
|---|---|---|---|---|---|---|---|
| | | Francs. | Francs. | Francs. | Francs. | L'unité est 10000 tonneaux. | |
| 10 | St-Michel (1). | 9200 | 7200 | — | 2000 | 9 | 5 |
| 10 | St-Michel | | | | | 7 | 4 |
| 11 | Petit-Rosière. | 4900 | 2800 | — | 2100 | 7 | 4 |
| 12 | Noville | 4700 | 2500 | — | 2200 | 7 | 4 |
| 13 | Leuze. | 7650 | 5100 | — | 2550 | 11 | 7 |
| 14 | Cognelée. | 8950 | 7300 | — | 1650 | 15 | 6 |
| 15 | Moulin à vent. | 13000 | 10800 | — | 2200 | 18 | 15 |
| | **Route de Tirlemont à Mons, par Gembloux.** | | | | | | |
| 1 | Overlaer. | 2150 | 3050 | 900 | — | 4 | 5 |
| 2 | Zetrud-Lumay | 2450 | 2800 | 350 | — | 4 | 4 |
| 3 | Jodoigne. | 1950 | 3000 | 1050 | — | 3 | 5 |
| 4 | St-Michel (2) | — | — | — | — | 3 | 5 |
| 4 | St-Michel | | | | | 7 | 6 |
| 5 | Carême | 4700 | 4300 | — | 400 | 7 | 6 |
| 6 | Chaussée Romaine. | 4700 | 4200 | — | 500 | 7 | 6 |
| 7 | Gembloux (3). | — | — | — | — | 7 | 6 |
| 7 | Gembloux | | | | | 10 | 8 |
| 8 | Le Docq (4). | — | — | — | — | 10 | 9 |
| 8 | Le Docq | | | | | 20 | 19 |
| 9 | Fleurus | 13900 | 13500 | — | 400 | 19 | 19 |
| 10 | Bois de Fleurus. | 14600 | 12700 | — | 1900 | 20 | 18 |
| 11 | Gilly. | 8500 | 12000 | 3500 | — | 12 | 17 |
| 12 | Marchienne-au-Pont. | 7000 | 15000 | 8000 | — | 10 | 21 |
| 13 | Fontaine-l'Évêque. | 6200 | 6800 | 600 | — | 9 | 10 |
| 14 | Anderlues | 5100 | 4300 | — | 800 | 7 | 6 |
| 15 | Epinois. | 4350 | 4500 | 150 | — | 6 | 7 |
| 16 | Bray. | 8200 | 7300 | — | 900 | 6 | 7 |
| 16 | Bray. | | | | | 12 | |
| 17 | Villers St-Ghislain | 8200 | 5100 | — | 3100 | 12 | 7 |
| 18 | (5) | — | — | — | — | 12 | 8 |

(1) Perçoit dans les quatre directions. — (2) Voyez No 10 de la route de Malines à Namur. — (3) Voyez No 9 de la route de Bruxelles à Namur par Gembloux. — (4) Voyez No 10 de la route de Bruxelles vers Trèves. — (5) Extrémité de la route.

| Nos DES BARRIÈRES. | DÉSIGNATION ET EMPLACEMENT DES BARRIÈRES. | PRODUIT DES ADJUDICATIONS | | MONTANT DE | | MOUVEMENT DES TRANSPORTS. | |
|---|---|---|---|---|---|---|---|
| | | EN 1834. | EN 1844. | l'augmentation. | la diminution. | 1834. | 1844. |
| | | Francs. | Francs. | Francs. | Francs. | L'unité est 10000 tonneaux. | |
| | **Route de Gand vers Maubeuge par Grammont, Ath et Mons.** | | | | | | |
| 0 | (1) | — | — | — | — | 5 | 4 |
| 1 | Oosterzeel. . . . . . . . . . . . | 3300 | 2750 | — | 550 | 5 | 4 |
| 2 | Baeleghem. . . . . . . . . . . . | 3675 | 1800 | — | 1875 | 6 | 3 |
| 3 | Grootenberge . . . . . . . . . | 2200 | 1700 | — | 500 | 4 | 3 |
| 4 | Steenhuize. . . . . . . . . . . . | 2150 | 1975 | — | 175 | 4 | 3 |
| 5 | Schendelbeke . . . . . . . . . | 2950 | 2900 | — | 50 | 4 | 4 |
| 6 | Over-Boulaer. . . . . . . . . . | 5500 | 3800 | — | 1700 | 8 | 6 |
| 7 | Lessines. . . . . . . . . . . . . | 12600 | 7800 | — | 4800 | 17 | 11 |
| 8 | Ghislenghien (2) . . . . . . . | — | — | — | — | 17 | 12 |
| 9 | Pavillon (3). . . . . . . . . . . | — | — | — | — | — | — |
| 10 | Maffles . . . . . . . . . . . . . | 3300 | 8000 | 4700 | — | 5 | 11 |
| 11 | Brugelette. . . . . . . . . . . . | 4000 | 6000 | 2000 | — | 6 | 9 |
| 12 | Lens . . . . . . . . . . . . . . . | 5200 | 9000 | 3800 | — | 8 | 13 |
| 13 | Jurbise . . . . . . . . . . . . . | 5900 | 4000 | — | 1900 | 9 | 6 |
| 14 | Grenadier (4). . . . . . . . . . | — | — | — | — | 10 | 8 |
| 15 | Cuesmes. . . . . . . . . . . . . | 9100 | 7100 | — | 2000 | 13 | 10 |
| 16 | Asquillies . . . . . . . . . . . . | 1775 | 5500 | 3725 | — | 3 | 8 |
| 17 | Bois-Bourdon . . . . . . . . . | 825 | 3200 | 2375 | — | 2 | 5 |
| | **Route de Gand vers Valenciennes, par Renaix et Leuze.** | | | | | | |
| 0 | (5) | — | — | — | — | 7 | 7 |
| 1 | Seeverghem . . . . . . . . . . | 4200 | 4275 | 75 | — | 6 | 6 |
| 2 | Eeke . . . . . . . . . . . . . . . | 3850 | 3450 | — | 400 | 6 | 5 |
| 3 | Auweghem . . . . . . . . . . . | 3100 | 2625 | — | 475 | 5 | 4 |
| 4 | Eyne . . . . . . . . . . . . . . . | 3600 | 2825 | — | 775 | 5 | 4 |
| 5 | Etichove. . . . . . . . . . . . . | 4325 | 3750 | — | 575 | 6 | 6 |
| 6 | Renaix . . . . . . . . . . . . . . | 3525 | 3475 | — | 50 | 5 | 5 |

(1) Origine de la route. — (2) Voyez No 5 de la route de Bruxelles à Tournay. — (3) Voyez No 6 de la route de Bruxelles à Tournay. — (4) Voyez No 10 de la route de Bruxelles vers Valenciennes. — (5) Origine de la route.

| Nos DES BARRIÈRES. | DÉSIGNATION ET EMPLACEMENT DES BARRIÈRES. | PRODUIT DES ADJUDICATIONS. | | MONTANT DE | | MOUVEMENT DES TRANSPORTS. | |
|---|---|---|---|---|---|---|---|
| | | EN 1834. | EN 1844. | l'augmentation. | la diminution. | 1834. | 1844. |
| | | Francs. | Francs. | Francs. | Francs. | L'unité est 10000 tonneaux. | |
| 7 | Dergneau | 1675 | 1550 | — | 125 | 3 | 3 |
| 8 | Hacquenies | 1400 | 2300 | 900 | — | 3 | 4 |
| 9 | Huzé | 3500 | 3800 | 300 | — | 5 | 6 |
| 10 | Vieux-Leuze | 6500 | 6600 | 100 | — | 9 | 9 |
| 11 | Roucourt | 1150 | 2750 | 1600 | — | 2 | 4 |
| 12 | Bon Secours (1) | 375 | 250 | — | 125 | 2 | 2 |
| | **Route de Gand à Ostende, par Thielt.** | | | | | | |
| 1 | Deynze | 2000 | 1900 | — | 100 | 3 | 5 |
| 2 | Arzeele | 1740 | 1200 | — | 540 | 3 | 2 |
| 3 | Thielt | 1740 | 1300 | — | 440 | 3 | 2 |
| 4 | Pitthem | 1420 | 1375 | — | 45 | 3 | 2 |
| 5 | Coolscamp | 3000 | 2650 | — | 350 | 2 | 2 |
| 6 | Lichtervelde | 770 | 725 | — | 45 | 2 | 2 |
| 7 | Thourout | 2050 | 3400 | 1350 | — | 3 | 3 |
| 8 | Wynendale | 2600 | 2450 | — | 150 | 4 | 3 |
| 9 | Eerneghem | 2770 | 1975 | — | 795 | 4 | 3 |
| 10 | Ghistelles | 2010 | 3225 | 1215 | — | 3 | 3 |
| 11 | Snaeskerke | 1330 | 2150 | 820 | — | 2 | 3 |
| 12 | Steene | 1430 | 2100 | 670 | — | 3 | 3 |
| | **Route d'Audenaerde à Courtray.** | | | | | | |
| 1 | Beveren | 1225 | 1300 | 75 | — | 2 | 2 |
| 2 | Elseghem | 1300 | 1025 | — | 275 | 2 | 2 |
| 3 | Waermaerde | 1375 | 1900 | 525 | — | 2 | 3 |
| 4 | Heestert | 1000 | 1250 | 250 | — | 2 | 2 |
| 5 | Sweveghem | 2700 | 2525 | — | 175 | 4 | 4 |
| 6 | Courtray | 1650 | 2500 | 850 | — | 3 | 4 |

(1) Ne perçoit pas vers la France.

| Nos des barrières. | DÉSIGNATION ET EMPLACEMENT DES BARRIÈRES. | PRODUIT DES ADJUDICATIONS | | MONTANT DE | | MOUVEMENT DES TRANSPORTS. | |
|---|---|---|---|---|---|---|---|
| | | EN 1834. | EN 1844. | l'augmentation. | la diminution. | 1834. | 1844. |
| | | Francs. | Francs. | Francs. | Francs. | L'unité est 10000 tonneaux. | |
| | **Route de Liége à Namur.** | | | | | | |
| 1 | Val-Benoit | 9600 | 16700 | 7100 | — | 13 | 25 |
| 2 | Tilleur | 4050 | 14000 | 9950 | — | 6 | 19 |
| 3 | Chokier | 3750 | 4900 | 1150 | — | 6 | 7 |
| 4 | Mallieue | 2850 | 3100 | 250 | — | 4 | 5 |
| 5 | Amay | 3350 | 2700 | — | 650 | 5 | 4 |
| 6 | Terres-Rouges | 2850 | 2600 | — | 250 | 4 | 4 |
| 7 | Abin | 4050 | 3100 | — | 950 | 6 | 5 |
| 8 | Gives | 3700 | 2700 | — | 1000 | 6 | 4 |
| 9 | Belgrade | 2860 | 2200 | — | 660 | 4 | 4 |
| 10 | Sclayen | 3120 | 2200 | — | 920 | 5 | 4 |
| 11 | Brumagne | 3180 | 3100 | — | 80 | 5 | 5 |
| 12 | Enhaive | 4210 | 3300 | — | 910 | 6 | 5 |
| | **Route de Liége à Dinant.** | | | | | | |
| 1 | Seraing (barrière supprimée) | | | | | 6 | 8 |
| 2 | Ivoz | 3650 | 5500 | 1850 | — | 6 | 8 |
| 3 | Neuville | 3550 | 5300 | 1750 | — | 5 | 8 |
| 4 | Fraineux } | 1750 | 2500 | 750 | — | 4 | 7 |
| 4 | Fraineux } | | | | | 3 | 4 |
| 5 | Scrie | 330 | 875 | 545 | — | 1 | 2 |
| 6 | Pont de Bonne | 330 | 1150 | 820 | — | 1 | 2 |
| 7 | Pailhe | 170 | 525 | 355 | — | 1 | 1 |
| 8 | Havelange | 320 | 850 | 530 | — | 1 | 2 |
| 9 | Hubinne | 440 | 500 | 60 | — | 1 | 1 |
| 10 | Ciney | 980 | 1050 | 70 | — | 2 | 2 |
| 11 | Achène | 500 | 1400 | 900 | — | 1 | 3 |
| 12 | Sorinne | 2020 | 1700 | — | 320 | 3 | 3 |
| 13 | Dinant [1] | 1210 | 900 | — | 310 | 5 | 4 |

[1] Le droit ne sera pas perçu en entrant à Dinant.

| Nos DES BARRIÈRES. | DÉSIGNATION ET EMPLACEMENT DES BARRIÈRES. | PRODUIT DES ADJUDICATIONS | | MONTANT DE | | MOUVEMENT DES TRANSPORTS. | |
|---|---|---|---|---|---|---|---|
| | | EN 1834. | EN 1844. | l'augmentation. | la diminution. | 1834. | 1844. |
| | | Francs. | Francs. | Francs. | Francs. | L'unité est 10000 tonneaux. | |
| | **Route de Liége vers Aix-la-Chapelle.** | | | | | | |
| 1 | Chartreuse. . . . . . . . . . . . | 9050 | 9400 | 350 | — | 13 | 13 |
| 2 | Beyne-Hensay . . . . . . . . . | 9050 | 8200 | — | 850 | 13 | 12 |
| 3 | Fond-de-Gotte . . . . . . . . . | 9000 | 2800 | — | 6200 | 13 | 4 |
| 4 | Neufbois. . . . . . . . . . . . | 7400 | 4000 | — | 3400 | 11 | 6 |
| 5 | Battice. . . . . . . . . . . . . | 11900 | 11700 | — | 200 | 11 | 6 |
| 6 | Clermont. . . . . . . . . . . . | 5050 | 3700 | — | 1350 | 7 | 6 |
| 7 | Henri-Chapelle . } même barr.e (1). | 3100 | { 1250 | 450 | — | 7 | 6 |
| 8 | Maison-Blanche . } | | { 2300 | | | | |
| 9 | Montzen (1). . . . . . . . . . . | — | 1900 | — | — | 7 | 6 |
| | **Route de Liége, par Tongres, vers Bois-le-Duc.** | | | | | | |
| 1 | St-Walburge. . . . . . . . . . . | 10900 | 12200 | 1300 | — | 13 | 17 |
| 2 | Juprelle. . . . . . . . . . . . | 11000 | 11800 | 800 | — | 15 | 16 |
| 3 | Freenen. . . . . . . . . . . . | 8677.25 | 9225 | 547.75 | — | 12 | 13 |
| 4 | Tongres. . . . . . . . . . . . | 5025 | 5200 | 175 | — | 7 | 8 |
| 5 | Guycoven. . . . . . . . . . . . | 3170 | 3725 | 555 | — | 5 | 6 |
| 6 | Cortessem. . . . . . . . . . . | 2835 | 3700 | 865 | — | 4 | 6 |
| 7 | Hasselt . . . . . . . . . . . . | 3180 | 5200 | 2020 | — | 5 | 8 |
| 8 | Hasselt . . . . . . . . . . . . | 950 | 800 | — | 150 | 2 | 2 |
| 9 | Zonhoven . . . . . . . . . . . | 1111.11 | 650 | — | 461.11 | 2 | 2 |
| 10 | Helchteren. . . . . . . . . . . | 857.14 | 525 | — | 332.14 | 2 | 1 |
| 11 | Hechtel . . . . . . . . . . . . | 846.56 | 575 | — | 271.56 | 2 | 1 |
| 12 | Locht. . . . . . . . . . . . . | 952.38 | 275 | — | 677.38 | 2 | 1 |
| 13 | Holven. . . . . . . . . . . . . | — | 125 | — | — | 1 | 1 |
| 14 | Lommel. . . . . . . . . . . . . | 550.26 | 240 | — | 310.26 | 1 | 1 |

(1) Barrières communes à la Belgique et à la Prusse.

| Nos DES BARRIÈRES. | DÉSIGNATION ET EMPLACEMENT DES BARRIÈRES. | PRODUIT DES ADJUDICATIONS | | MONTANT DE | | MOUVEMENT DES TRANSPORTS. | |
|---|---|---|---|---|---|---|---|
| | | EN 1834. | EN 1844. | l'augmentation. | la diminution. | 1834. | 1844. |
| | | Francs. | Francs. | Francs. | Francs. | L'unité est 10000 tonneaux. | |
| | **Route de Louvain à Hasselt par Winghe St.-George et Diest.** | | | | | | |
| 1 | Vlierbeek | 1500 | 2800 | 1300 | — | 2 | 4 |
| 2 | Lubbeek | 2100 | 2400 | 300 | — | 3 | 4 |
| 3 | Winghe St-Georges | 1450 | 2000 | 550 | — | 2 | 3 |
| 4 | Beckevort | 1250 | 1550 | 300 | — | 2 | 3 |
| 5 | Caggevinne | 1200 | 2650 | 1450 | — | 2 | 3 |
| 6 | Webbecom | — | 1650 | — | — | — | 3 |
| 7 | Donck | — | 1825 | — | — | — | 3 |
| 8 | Spalbeek | — | 1325 | — | — | — | 2 |
| 9 | Curange | — | 2625 | — | — | — | 4 |
| | **Route de Nivelles aux Quatre-Bras.** | | | | | | |
| 1 | Sept Douleurs | 200 | 1700 | 1500 | — | 1 | 3 |
| | **Route de Diest à Beeringen.** | | | | | | |
| 1 | Ancien chemin de Schaffen | — | 2700 | — | — | — | 4 |
| 2 | Kelbergen | — | 850 | — | — | — | 2 |
| 3 | Pael | — | 650 | — | — | — | 2 |
| | **Route de Diest à Turnhout par Gheel.** | | | | | | |
| 1 | Molenstede | — | 2050 | — | — | — | 3 |
| 2 | Oxelaer | — | 1150 | — | — | — | 2 |
| 3 | Veerlé | — | 850 | — | — | — | 2 |
| 4 | Zammel | — | 660 | — | — | — | 2 |
| 5 | Point de bifurcation | — | 2050 | — | — | — | 3 |
| 6 | Gheel | — | 350 | — | — | — | 1 |
| 7 | Casterlé | — | 390 | — | — | — | 1 |
| 8 | Klein-R ees | — | 450 | — | — | — | 1 |
| 9 | Schoorvoort | — | 950 | — | — | — | 2 |

| Nos DES BARRIÈRES. | DÉSIGNATION ET EMPLACEMENT DES BARRIÈRES. | PRODUIT DES ADJUDICATIONS | | MONTANT DE | | MOUVEMENT DES TRANSPORTS. | |
|---|---|---|---|---|---|---|---|
| | | EN 1834. | EN 1844. | l'augmentation. | la diminution. | 1834. | 1844. |
| | | Francs. | Francs. | Francs. | Francs. | L'unité est 10000 tonneaux. | |
| | **Route d'Anvers à Turnhout.** | | | | | | |
| 1 | Borgerhout | 13850 | 13100 | — | 750 | 19 | 18 |
| 2 | Wyneghem | 5750 | 4900 | — | 850 | 8 | 7 |
| 3 | Schilde | 4800 | 3900 | — | 900 | 7 | 6 |
| 4 | St-Antoine | 3000 | 1975 | — | 1025 | 5 | 3 |
| 5 | Westmalle | 1600 | 1800 | 200 | — | 3 | 3 |
| 6 | Oostmalle | 1850 | 1200 | — | 650 | 3 | 2 |
| 7 | Beersse | 900 | 1275 | 375 | — | 2 | 2 |
| 8 | Vosselaer | 1020 | 1525 | 505 | — | 2 | 3 |
| | **Route de Nieuport, par Ghistelles et Bruges vers l'Ecluse.** | | | | | | |
| 1 | Mannekensveere | 100 | 440 | 340 | — | 1 | 1 |
| 2 | St-Pierre-Cappelle | 290 | 770 | 480 | — | 1 | 1 |
| 3 | Ghistelles (1) | — | — | — | — | 1 | 2 |
| 4 | Westkerke | 360 | 1125 | 765 | — | 1 | 2 |
| 5 | Jabbeke (2) | 450 | 1225 | 685 | — | 2 | 2 |
| 6 | St-André | 2580 | 2050 | — | 530 | 4 | 3 |
| 7 | Koolkerke | 1700 | 3300 | 1600 | — | 3 | 5 |
| 8 | Dudzeele | 870 | 3200 | 2330 | — | 2 | 3 |
| 9 | Westcappelle | 250 | 1400 | 1150 | — | 1 | 3 |
| 10 | Westcappelle | 60 | 200 | 140 | — | 1 | 1 |
| | **Route de Blankenbergh, par Bruges, à Courtray.** | | | | | | |
| 1 | Blankenbergh (3) | 120 | 610 | 490 | — | 2 | 3 |
| 2 | Zuyenkerke | 1220 | 1850 | 630 | — | 2 | 3 |
| 3 | St-Pierre | 2200 | 2500 | 300 | — | 4 | 4 |
| 4 | Steenbrugge | 3590 | 5650 | 2060 | — | 3 | 8 |
| 5 | Oostcamp | 2800 | 2350 | — | 450 | 4 | 4 |

(1) Cumulée avec le No 10 de la route de Gand à Ostende par Thielt. — (2) On ne perçoit pas dans la direction du Pont-de-Stalhille. — (3) Ne perçoit que dans la direction de Bruges.

| N^os DES BARRIÈRES. | DÉSIGNATION ET EMPLACEMENT DES BARRIÈRES. | PRODUIT DES ADJUDICATIONS | | MONTANT DE | | MOUVEMENT DES TRANSPORTS. | |
|---|---|---|---|---|---|---|---|
| | | EN 1834. | EN 1844. | l'augmentation. | la diminution. | 1834. | 1844. |
| | | Francs. | Francs. | Francs. | Francs. | L'unité est 10000 tonneaux. | |
| 6 | Ruddervoorde. . . . . . . . . . | 1660 | 1775 | 115 | — | 3 | 3 |
| 7 | Zwevezeele. . . . . . . . . . | 2380 | 2075 | — | 305 | 4 | 3 |
| 8 | Coolscamp (1). . . . . . . . . | — | — | — | — | 4 | 3 |
| 9 | Ingelmunster . . . . . . . . . | 1510 | 2100 | 590 | — | 3 | 3 |
| 10 | Hulst . . . . . . . . . . . | 3975 | 6000 | 2025 | — | 6 | 4 |
| 10 | Hulst . . . . . . . . . . . | | | | | | 9 |
| 11 | Kuerne. . . . . . . . . . . | 4850 | 5600 | 750 | — | 7 | 8 |
| | **Route de Thielt, par Ruysselede vers Aeltre et Eecloo.** | | | | | | |
| 1 | Thielt. . . . . . . . . . . | — | 1425 | — | — | — | 3 |
| 2 | Ruysselede. . . . . . . . . . | — | 1500 | — | — | — | 3 |
| 3 | Aeltre. . . . . . . . . . . | — | 1050 | — | — | — | 2 |
| 4 | Aeltre. . . . . . . . . . . | — | 280 | — | — | — | 1 |
| 5 | Ursel . . . . . . . . . . . | — | 500 | — | — | — | 1 |
| 6 | Audeghem. . . . . . . . . . | — | 650 | — | — | — | 2 |
| | **Route de St-Nicolas par Termonde et Alost, vers Grammont.** | | | | | | |
| 1 | St-Nicolas. . . . . . . . . . | 2500 | 3650 | 1150 | — | 4 | 6 |
| 2 | Waesmunster . . . . . . . . . | 1225 | 300 | — | 925 | 2 | 1 |
| 3 | Hamme. . . . . . . . . . . | 1500 | 220 | — | 1280 | 3 | 1 |
| 4 | Grembergen. . . . . . . . . . | 2350 | 2800 | 450 | — | 4 | 4 |
| 5 | Audeghem. . . . . . . . . . | 1825 | 2500 | 675 | — | 3 | 4 |
| 6 | Hostade . . . . . . . . . . | 2025 | 2925 | 900 | — | 3 | 5 |
| 7 | Erembodeghem. . . . . . . . . | 2025 | 4200 | 2175 | — | 3 | 5 |
| 8 | Kerkxken . . . . . . . . . . | 1025 | 950 | — | 75 | 2 | 2 |
| 9 | Nederhasselt. . . . . . . . . | 675 | 430 | — | 245 | 2 | 1 |
| 10 | Smeerhebbe. . . . . . . . . . | 1700 | 220 | — | 1480 | 3 | 1 |
| 11 | (2) | | | | | 3 | 1 |

(1) Voyez No 5 de la route de Gand à Ostende, par Thielt. — (2) Extrémité de la route.

| Nos DES BARRIÈRES. | DÉSIGNATION ET EMPLACEMENT DES BARRIÈRES. | PRODUIT DES ADJUDICATIONS | | MONTANT DE | | MOUVEMENT DES TRANSPORTS. | |
|---|---|---|---|---|---|---|---|
| | | EN 1834. | EN 1844. | l'augmentation. | la diminution. | 1834. | 1844. |
| | | Francs. | Francs. | Francs. | Francs. | L'unité est 10000 tonneaux. | |
| | **Route d'Alost à Ninove.** | | | | | | |
| 1 | Denderleeuw. . . . . . . . . . | 1050 | 1025 | — | 25 | 2 | 2 |
| | **Route de Termonde à Lokeren.** | | | | | | |
| 1 | Gremberghen. . . . . . . . . . | 2025 | 2425 | 400 | — | 3 | 4 |
| 2 | Zele. . . . . . . . . . . . . | 2300 | 2550 | 250 | — | 4 | 4 |
| | **Route d'Audenaerde à Grammont.** | | | | | | |
| 1 | Edelaere. . . . . . . . . . . . | 2100 | 2125 | 25 | — | 3 | 3 |
| 2 | Hoorenbeke-Ste-Marie . . . . . | 1900 | 2225 | 325 | — | 3 | 4 |
| 3 | Nederbrakel . . . . . . . . . . | 1025 | 1375 | 350 | — | 2 | 2 |
| 4 | Sarlardingen . . . . . . . . . | 1025 | 1025 | — | — | 2 | 2 |
| | **Route de Lessines à Renaix.** | | | | | | |
| 1 | Prés-Cabot. . . . . . . . . . . | — | 1750 | — | — | — | 3 |
| 2 | Flobecq . . . . . . . . . . . . | — | 1200 | — | — | — | 2 |
| 3 | Ellezelles. . . . . . . . . . . | — | 900 | — | — | — | 2 |
| 4 | Renaix. . . . . . . . . . . . . | — | 1000 | — | — | — | 2 |
| | **Route de Tournay vers Lille.** | | | | | | |
| 1 | Orcq. . . . . . . . . . . . . . | 7500 | 6200 | — | 1300 | 11 | 9 |
| 2 | Hertain (1). . . . . . . . . . . | 2550 | 2900 | 350 | — | 6 | 6 |
| | **Route de Tournay vers St-Amand.** | | | | | | |
| 1 | Bonne-Espérance. . . . . . . . | 825 | 2400 | 1575 | — | 2 | 4 |
| 2 | Bruyelles. . . . . . . . . . . | 1000 | 1425 | 425 | — | 2 | 3 |
| 3 | Bléharies. . . . . . . . . . . | 600 | 1000 | 400 | — | 1 | 2 |

(1) On ne perçoit que 2/3 vers la France.

| N^os DES BARRIÈRES. | DÉSIGNATION ET EMPLACEMENT DES BARRIÈRES. | PRODUIT DES ADJUDICATIONS | | MONTANT DE | | MOUVEMENT DES TRANSPORTS. | |
|---|---|---|---|---|---|---|---|
| | | EN 1834. | EN 1844. | l'augmentation. | la diminution. | 1834. | 1844. |
| | | Francs. | Francs. | Francs. | Francs. | L'unité est 10000 tonneaux. | |
| | **Route de Perwyse à Dixmude.** | | | | | | |
| 1 | Perwyse (1). . . . . . . . . . . . . | — | — | — | — | — | 1 |
| 2 | Caeskerke. . . . . . . . . . . . . | — | 1610 | — | — | — | 3 |
| | **Route d'Enghien par Soignies à Fontaine-l'Evêque.** | | | | | | |
| 1 | Hoves. . . . . . . . . . . . . . | 3900 | 5200 | 1300 | — | 6 | 8 |
| 2 | Horrues. . . . . . . . . . . . . | 5300 | 5600 | 300 | — | 8 | 8 |
| 3 | Coulberie . . . . . . . . . . . . } | 14700 | 14000 | — | 700 | 8 | 10 |
| 3 | Coulberie. . . . . . . . . . . . } | | | | | 20 | 19 |
| 4 | Gottignies. . . . . . . . . . . . | 19500 | 15100 | — | 4400 | 27 | 24 |
| 5 | Houdeng-Gœgnies . . . . . . . . | 22000 | 20000 | — | 2000 | 30 | 27 |
| 6 | Cerisier . . . . . . . . . . . . . | 7800 | 4300 | — | 3500 | 11 | 6 |
| | **Route de Beaumont à Chimay.** | | | | | | |
| 1 | Beaumont. . . . . . . . . . . . . | 2600 | 4200 | 1600 | — | 4 | 6 |
| 2 | Court-Tournant . . . . . . . . . | 2075 | 3800 | 1725 | — | 3 | 6 |
| 3 | Rance. . . . . . . . . . . . . . | 1775 | 3100 | 1325 | — | 3 | 5 |
| 4 | Fagne-de-Chimay . . . . . . . . | 1250 | 2450 | 1200 | — | 2 | 4 |
| 5 | Chimay (2). . . . . . . . . . . . | 1050 | 1200 | 150 | — | 3 | 3 |
| | **Route de Couvin à Chimay.** | | | | | | |
| 1 | Ruisseau-d'Haine. . . . . . . . . | 300 | 900 | 600 | — | 1 | 2 |
| | **Route de Battice à Theux.** | | | | | | |
| 1 | Battice (3). . . . . . . . . . . . | — | — | — | — | 11 | 16 |
| 2 | Dison. . . . . . . . . . . . . . | 8000 | 12100 | 4100 | — | 11 | 17 |
| 3 | Hensy. . . . . . . . . . . . . . | 600 | 950 | 350 | — | 1 | 2 |
| 4 | Oneux. . . . . . . . . . . . . . | 120 | 210 | 90 | — | 1 | 1 |

(1) Voyez No 5 de la route d'Ostende à Arlon. — (2) On ne perçoit que demi-taxe vers Chimay. — (3) Voyez No 5 de la route de Liége vers Aix-la-Chapelle.

| Nos DES BARRIÈRES. | DÉSIGNATION ET EMPLACEMENT DES BARRIÈRES. | PRODUIT DES ADJUDICATIONS | | MONTANT DE | | MOUVEMENT DES TRANSPORTS. | |
|---|---|---|---|---|---|---|---|
| | | EN 1834. | EN 1844. | l'augmentation. | la diminution. | 1834. | 1844. |
| | | Francs. | Francs. | Francs. | Francs. | L'unité est 10000 tonneaux. | |
| | **Route de Fraineux à Marche, par Terwagne.** | | | | | | |
| 0 | (1) | | | | | 1 | 3 |
| 1 | Tinlot | 460 | 1700 | 1240 | — | 1 | 3 |
| 2 | Terwagne | 64 | 1200 | 1136 | — | 1 | 2 |
| 3 | Bois | — | 625 | — | — | — | 2 |
| 4 | Méan | — | 850 | — | — | — | 2 |
| 5 | Somme | — | 850 | — | — | — | 2 |
| 6 | Baillonville | — | 1000 | — | — | — | 2 |
| 7 | La Marchette | — | 600 | — | — | — | 1 |
| | **Route de Rousbrugghe, par Poperinghe, à Ypres et Warneton.** | | | | | | |
| 1 | Beveren (2) | 150 | 420 | 270 | — | 2 | 2 |
| 2 | Proven | 930 | 2050 | 1120 | — | 2 | 3 |
| 3 | Poperinghe | 1700 | 2340 | 640 | — | 3 | 4 |
| 4 | Poperinghe | 1910 | 3600 | 1690 | — | 3 | 5 |
| 5 | Vlamertinghe | 3010 | 4020 | 1010 | — | 5 | 6 |
| 6 | Voormezeele | 2370 | 2920 | 550 | — | 4 | 5 |
| 7 | Wytschaete | 600 | 1660 | 1060 | — | 1 | 3 |
| 8 | Warneton | 870 | 2060 | 1190 | — | 2 | 3 |
| 9 | Pont-Rouge (3) | 410 | 200 | — | 210 | 2 | 2 |
| | **Route de Tongres à Bilsen.** | | | | | | |
| 1 | Rixingen | — | 900 | — | — | — | 2 |

(1) Origine de la route. — (2) On ne perçoit que dans la direction de Poperinghe. — (3) La taxe ne se perçoit que dans la direction de Warneton.

| Nos DES BARRIÈRES. | DÉSIGNATION ET EMPLACEMENT DES BARRIÈRES. | PRODUIT DES ADJUDICATIONS | | MONTANT DE | | MOUVEMENT DES TRANSPORTS. | |
|---|---|---|---|---|---|---|---|
| | | EN 1834. | EN 1844. | l'augmentation. | la diminution. | 1834. | 1844. |
| | | Francs. | Francs. | Francs. | Francs. | L'unité est 10000 tonneaux. | |
| | **Route de St-Trond à Hasselt.** | | | | | | |
| 1 | Melveren. . . . . . . . . . . . | — | 2725 | — | — | — | 4 |
| 2 | Alken. . . . . . . . . . . . . | — | 2225 | — | — | — | 4 |
| 3 | Herck-St-Lambert. . . . . . . . | — | 2400 | — | — | — | 4 |
| | **Route d'Arlon vers Longwy.** | | | | | | |
| 1 | Weiler. . . . . . . . . . . . . | 1870 | 3850 | 1980 | — | 3 | 6 |

## ROUTES PROVINCIALES.

| Nos DES BARRIÈRES. | DÉSIGNATION ET EMPLACEMENT DES BARRIÈRES. | EN 1834. | EN 1844. | l'augmentation. | la diminution. | 1834. | 1844. |
|---|---|---|---|---|---|---|---|
| | **Route de Bruxelles à Louvain, par Tervueren.** | | | | | | |
| 1 | Auderghem (1). . . . . . . . . | — | — | — | — | 5 | 5 |
| 2 | Tervueren. . . . . . . . . . . | 2200 | 2300 | 100 | — | 4 | 4 |
| 3 | Leefdael. . . . . . . . . . . . | 1750 | 1100 | — | 650 | 3 | 2 |
| 4 | Berthem. . . . . . . . . . . . | 2350 | 1200 | — | 1150 | 4 | 2 |
| | **Route de Bruxelles à Haeght.** | | | | | | |
| 1 | Schaerbeek. . . . . . . . . . . | 5100 | 6100 | 1000 | — | 7 | 9 |
| 2 | Dieghem. . . . . . . . . . . . | 1600 | 950 | — | 650 | 3 | 2 |
| 3 | Wanbeek. . . . . . . . . . . . | 725 | 900 | 175 | — | 2 | 2 |
| 4 | Rysbeek. . . . . . . . . . . . | 750 | 775 | 25 | — | 2 | 2 |
| 5 | Wespelaer. . . . . . . . . . . | — | 425 | — | — | 1 | 1 |

(1) Voyez No 2 de la route de Bruxelles à Namur, par Gembloux.

| Nos DES BARRIÈRES. | DÉSIGNATION ET EMPLACEMENT DES BARRIÈRES. | PRODUIT DES ADJUDICATIONS | | MONTANT DE | | MOUVEMENT DES TRANSPORTS. | |
|---|---|---|---|---|---|---|---|
| | | EN 1834. | EN 1844. | l'augmentation. | la diminution. | 1834. | 1844. |
| | | Francs. | Francs. | Francs. | Francs. | L'unité est 10000 tonneaux. | |
| | **Route de Louvain à Diest par Aerschot.** | | | | | | |
| 1 | Wilsele | 4300 | 3600 | — | 700 | 6 | 5 |
| 2 | Wesemael | 3600 | 2800 | — | 800 | 5 | 4 |
| 3 | Geelrode | 2850 | 2100 | — | 750 | 4 | 3 |
| 4 | Rillaer | 3600 | 2100 | — | 1500 | 5 | 3 |
| 5 | Montaigu | 3200 | 2300 | — | 900 | 5 | 4 |
| 6 | Assent | 2950 | 2600 | — | 350 | 5 | 4 |
| | **Route de Wavre à Hamme.** | | | | | | |
| 1 | Basse-Wavre | 675 | 1950 | 1275 | — | 2 | 3 |
| 2 | Grez | 600 | 1350 | 750 | — | 1 | 2 |
| 3 | Hamme (1) | — | — | — | — | 1 | 1 |
| | **Route de Vilvorde à Alost.** | | | | | | |
| 1 | Grimbergen | 470 | 1100 | 630 | — | 1 | 2 |
| 2 | Wolverthem | 240 | 550 | 310 | — | 1 | 1 |
| 3 | Merchtem (2) | 180 | — | — | — | 1 | 1 |
| 4 | Opwyk (3) | — | — | — | — | 1 | 1 |
| | **Route d'Anvers par Schelle à Calfort.** | | | | | | |
| 1 | Hoboken | 500 | 1275 | 775 | — | 1 | 2 |
| 2 | Schelle (4) | 180 | 780 | 600 | — | 1 | 2 |
| | **Route d'Anvers à Boom.** | | | | | | |
| 1 | Kiel | 6250 | 6000 | — | 250 | 9 | 9 |
| 2 | Mi-Chemin | 2050 | 1800 | — | 250 | 3 | 3 |
| 3 | Boom | 1440 | 1400 | — | 40 | 3 | 3 |

(1) Voyez No 8 de la route de de Malines à Namur, par Louvain. — (2) Voyez No 4 de la route de Bruxelles à Merchtem. — (3) Voyez No 1 de la route de Bruxelles vers Termonde. — (4) Ne percevait que dans la direction d'Anvers en 1834.

| Nos DES BARRIÈRES. | DÉSIGNATION ET EMPLACEMENT DES BARRIÈRES. | PRODUIT DES ADJUDICATIONS | | MONTANT DE | | MOUVEMENT DES TRANSPORTS. | |
|---|---|---|---|---|---|---|---|
| | | EN 1834. | EN 1844. | l'augmentation. | la diminution. | 1834. | 1844. |
| | | Francs. | Francs. | Francs. | Francs. | L'unité est 10000 tonneaux. | |
| | **Route du Vieux-Dieu à Lierre.** | | | | | | |
| 0 | (1) | — | — | — | — | 8 | 8 |
| 1 | Perroquet | 3700 | 3800 | 100 | — | 6 | 6 |
| | **Route de Malines à Termonde.** | | | | | | |
| 1 | Le Chêne | 1620 | 2550 | 930 | — | 3 | 4 |
| 2 | Blaesveld | 1140 | 1825 | 685 | — | 2 | 3 |
| 3 | Ryweg | 1720 | 750 | — | 970 | 3 | 2 |
| 4 | Lippeloo | 1090 | 370 | — | 720 | 2 | 1 |
| 5 | Limite | 1100 | 130 | — | 970 | 2 | 1 |
| 6 | Baesrode | 1675 | 600 | — | 1075 | 3 | 1 |
| | **Route de Malines à Lierre.** | | | | | | |
| 1 | Krankehoeve | 1360 | 1550 | 190 | — | 2 | 3 |
| 2 | Lierre | 1050 | 1800 | 750 | — | 2 | 3 |
| | **Route de Petit à Grand-Willebroek.** | | | | | | |
| 1 | Petit-Willebroek (2) | 330 | 310 | — | 20 | 2 | 2 |
| | **Route de Bruges à Thourout.** | | | | | | |
| 1 | St-André | 2310 | 3100 | 790 | — | 4 | 5 |
| 2 | Lophem | 2110 | 3150 | 1040 | — | 3 | 5 |
| 3 | Zedelghem | 2500 | 3200 | 700 | — | 4 | 5 |
| 4 | Thourout | 2020 | 3200 | 1180 | — | 3 | 5 |
| | **Route de Thourout, par Menin, aux frontières de France.** | | | | | | |
| 1 | Lichtervelde | 2025 | 2700 | 675 | — | 3 | 4 |
| 2 | Beveren | 1460 | 2100 | 640 | — | 3 | 3 |

(1) Origine de la route. — (2) Ne perçoit que dans la direction de Grand Willebroek.

| Nos DES BARRIÈRES. | DÉSIGNATION ET EMPLACEMENT DES BARRIÈRES. | PRODUIT DES ADJUDICATIONS | | MONTANT DE | | MOUVEMENT DES TRANSPORTS. | |
|---|---|---|---|---|---|---|---|
| | | EN 1834. | EN 1844. | l'augmentation. | la diminution. | 1834. | 1844. |
| | | Francs. | Francs. | Francs. | Francs. | L'unité est 10000 tonneaux. | |
| 3 | Rumbeke | 2000 | 1800 | — | 200 | 3 | 3 |
| 4 | Ledeghem | 1660 | 2050 | 390 | — | 3 | 3 |
| 5 | Menin | 1090 | 1800 | 710 | — | 2 | 3 |
| 6 | Menin (1) | 1220 | 1600 | 380 | — | 5 | 6 |
| | **Route d'Ypres jusqu'à la rencontre de la route de Thourout à Menin.** | | | | | | |
| 1 | St.-Jean | 1740 | 2500 | 760 | — | 3 | 4 |
| 2 | Langhemarck | 1330 | 1410 | 80 | — | 2 | 3 |
| 3 | Roosebeke | 1070 | 1520 | 450 | — | 2 | 3 |
| 4 | Hooglede | 1400 | 1630 | 230 | — | 3 | 3 |
| | **Route de St.-Pierre-Capelle, par Dixmude à Ypres.** | | | | | | |
| 0 | (2) | | | | | 1 | 1 |
| 1 | Leke | 290 | 600 | 310 | — | 1 | 1 |
| 2 | Beerst. } | 1020 | 1960 | 940 | — | { 1 | } 2 |
| 2 | Beerst. } | | | | | { 2 | |
| 3 | Woumen | 630 | 1360 | 730 | — | 2 | 2 |
| 4 | Merckem | 720 | 1330 | 610 | — | 2 | 2 |
| 5 | Boesinghe | 710 | 1390 | 680 | — | 2 | 3 |
| 6 | Brielen | 1020 | 2050 | 1030 | — | 2 | 3 |
| | **Route d'Andenne vers Ciney.** | | | | | | |
| 1 | Ste-Begghe | 5000 | 7800 | 2800 | — | 7 | 11 |
| 2 | Ohey | 2650 | 5450 | 2800 | — | 4 | 8 |

(1) On ne perçoit que dans la direction de Menin. — (2) Origine de la route.

| Nos DES BARRIÈRES. | DÉSIGNATION ET EMPLACEMENT DES BARRIÈRES. | PRODUIT DES ADJUDICATIONS. | | MONTANT DE | | MOUVEMENT DES TRANSPORTS. | |
|---|---|---|---|---|---|---|---|
| | | EN 1834. | EN 1844. | l'augmentation. | la diminution. | 1834. | 1844. |
| | | Francs. | Francs. | Francs. | Francs. | L'unité est 10000 tonneaux. | |
| | **Route de Warcoing à Avelghem.** | | | | | | |
| 1 | Warcoing | 300 | 400 | 100 | — | 1 | 1 |
| 2 | Helchin | 1040 | 825 | — | 215 | 2 | 2 |
| 3 | Autryve | 1110 | 500 | — | 610 | 2 | 1 |
| | **Route d'Audenaerde à Deynze.** | | | | | | |
| 1 | Oycke | 450 | 1325 | 875 | — | 1 | 2 |
| 2 | Cruyshautem | 750 | 1475 | 725 | — | 2 | 3 |
| 3 | Peteghem | 800 | 1150 | 350 | — | 2 | 2 |
| | **Route de St-Nicolas à Hulst.** | | | | | | |
| 1 | St.-Nicolas | 1650 | 2875 | 1225 | — | 3 | 4 |
| 2 | Kemseke | 1325 | 1725 | 400 | — | 2 | 3 |
| 3 | (1) | — | — | — | — | 2 | 3 |
| | **Route de Tournay vers Douay.** | | | | | | |
| 1 | Faubourg-St.-Martin | 975 | 3900 | 2925 | — | 2 | 7 |
| 2 | Rumes | 500 | 1975 | 1475 | — | 1 | 3 |
| 3 | Bustiau | — | 550 | — | — | 1 | 1 |
| | **Route de Soignies à Ghislenghien.** | | | | | | |
| 1 | St.-Martin | 8400 | 6100 | — | 2300 | 12 | 9 |
| 2 | Noir Jambon (dite la Deuze) | 9000 | 5900 | — | 3100 | 13 | 9 |
| 3 | Silly | 7800 | 6200 | — | 1600 | 11 | 9 |

(1) Extrémité de la route.

| Nos DES BARRIÈRES. | DÉSIGNATION ET EMPLACEMENT DES BARRIÈRES. | PRODUIT DES ADJUDICATIONS | | MONTANT DE | | MOUVEMENT DES TRANSPORTS. | |
|---|---|---|---|---|---|---|---|
| | | EN 1834. | EN 1844. | l'augmentation. | la diminution. | 1834. | 1844. |
| | | Francs. | Francs. | Francs. | Francs. | L'unité est 10000 tonneaux. | |
| | **Route de Liége à Bierset et à Hannut.** | | | | | | |
| 1 | Glain (1) | 4400 | 3600 | — | 800 | 9 | 9 |
| 2 | Montegnée (2) | 2100 | 5800 | 3700 | — | 5 | 11 |
| 3 | Grâce (3) | 1400 | 1700 | 300 | — | 5 | 6 |
| 4 | Haute-Valise (4) | 850 | 1000 | 150 | — | 4 | 5 |
| 5 | Bierset (5) | 200 | 1450 | 1250 | — | 4 | 5 |
| 6 | Voroux | — | 300 | — | — | — | 2 |
| 7 | Noville | — | 450 | — | — | — | 3 |
| 8 | Jeneffe | — | 370 | — | — | — | 2 |
| 9 | Limont | — | 80 | — | — | — | 2 |
| | **Route de Wynendaele à Dixmude.** | | | | | | |
| 0 | (6) | | | | | 1 | 2 |
| 1 | Couckelaere | 230 | 710 | 480 | — | 1 | 2 |
| 2 | Vladsloo | 510 | 430 | — | 80 | 1 | 1 |
| 3 | (7) | | | | | 1 | 2 |

(1) Taxe entière vers Liége; demi-taxe vers Bierset; rien vers St-Trond. — (2) Demi-taxe. — (3) Demi-taxe. — (4) Demi-taxe. — (5) Demi-taxe. Percevait seulement dans la direction de Liége en 1834. — (6) Origine de la route. — (7) Extrémité de la route.

Passons actuellement aux voies navigables.

Nous avons déjà expliqué plus haut comment nous sommes parvenu à obtenir des renseignements sur les transports par eau, et quelles sont les causes d'incertitude qui empêchent de parvenir à des résultats d'une exactitude rigoureuse sur ces transports. Les chiffres du tableau ci-après n° 2, ne doivent donc pas être considérés comme irréprochables sous le rapport de leur valeur absolue, mais seulement comme donnant une idée sommaire assez juste de l'importance des transports par eau.

## TABLEAU N° 2.

### MOUVEMENT DES TRANSPORTS PAR EAU EN BELGIQUE.

L'unité des transports est 10000 tonneaux.

| DÉSIGNATION DES VOIES NAVIGABLES. | ANNÉE 1834. | | ANNÉE 1844. | |
|---|---|---|---|---|
| | CHARBONS. | MARCHANDISES DIVERSES. | CHARBONS. | MARCHANDISES DIVERSES. |
| **Meuse.** | | | | |
| Entre Givet et Dinant | 6 | 2 | 7 | 3 |
| Entre Dinant et Namur | 8 | 7 | 9 | 8 |
| Entre Namur et Liége { à Namur | 8 | 7 | 9 | 7 |
| Entre Namur et Liége { à Liége | 9 | 12 | 10 | 15 |
| Entre Liége et Maestricht | 1 | 2 | 8 | 4 |
| Entre Maestricht et la frontière | 1 | 2 | 5 | 3 |
| **Canal de Maestricht à Bois-le-Duc.** | — | — | 3 | 4 |
| **Dyle et Démer.** | | | | |
| Entre Malines et Diest | — | 2 | — | 2 |
| Entre Malines et le Rupel | 2 | 4 | 3 | 4 |
| **Nèthes.** | | | | |
| Entre Lierre et Herenthals | — | 1 | — | 2 |
| Entre Lierre et Westerloo | — | 2 | — | 3 |
| Entre Lierre et le Rupel | 2 | 2 | 3 | 4 |
| **Rupel.** | | | | |
| Entre Rumpst et Boom | 10 | 14 | 13 | 16 |
| Entre Boom et l'Escaut | 6 | 34 | 20 | 45 |
| **Canal de Louvain au Rupel.** | 6 | 8 | 7 | 8 |

| DÉSIGNATION DES VOIES NAVIGABLES. | ANNÉE 1834. | | ANNÉE 1844. | |
|---|---|---|---|---|
| | CHARBONS. | MARCHANDISES DIVERSES. | CHARBONS. | MARCHANDISES DIVERSES. |
| **Canal de Bruxelles à Willebroek.** | 10 | 20 | 25 | 30 |
| **Canal de Charleroy à Bruxelles.** | | | | |
| Entre Charleroy et Seneffe | 6 | 2 | 13 | 5 |
| En aval de Seneffe | 22 | 4 | 48 | 8 |
| A l'entrée de Bruxelles | 20 | 5 | 38 | 12 |
| **Sambre.** | | | | |
| Entre Namur et Charleroy — Namur | 8 | 5 | 9 | 6 |
| Entre Namur et Charleroy — Charleroy | 10 | 6 | 12 | 7 |
| Entre Charleroy et la frontière — Charleroy | 16 | 7 | 23 | 11 |
| Entre Charleroy et la frontière — frontière | 18 | 2 | 26 | 3 |
| **Canal d'Antoing** | 42 | 1 | 51 | 5 |
| **Canal de Mons à Condé.** | | | | |
| Entre Mons et l'embouchure du canal d'Antoing | 104 | — | 122 | 3 |
| Entre cette embouchure et la frontière | 64 | — | 72 | 1 |
| **Escaut.** | | | | |
| Entre la frontière de France et le canal d'Antoing | 8 | 1 | 7 | 2 |
| Entre le Canal d'Antoing et Tournay | 31 | 3 | 42 | 6 |
| Entre Tournay et Autryve | 38 | 6 | 45 | 13 |
| Devant Audenaerde | 33 | 11 | 39 | 12 |
| A l'entrée de Gand, en amont | 24 | 12 | 31 | 16 |
| A la sortie de Gand, à l'aval | 8 | 22 | 12 | 30 |
| Devant Termonde | 6 | 23 | 8 | 30 |
| Avant l'embouchure du Rupel | 5 | 23 | 6 | 30 |
| Au-delà de l'embouchure du Rupel | 5 | 52 | 16 | 64 |
| Devant Anvers | 5 | 52 | 16 | 64 |
| Au-delà d'Anvers | — | 55 | 11 | 69 |

| DÉSIGNATION DES VOIES NAVIGABLES. | ANNÉE 1834. | | ANNÉE 1844. | |
|---|---|---|---|---|
| | CHARBONS. | MARCHANDISES DIVERSES. | CHARBONS. | MARCHANDISES DIVERSES. |
| **Dendre.** | | | | |
| Entre Termonde et Alost. . . . . . . . . . | 2 | 13 | 2 | 11 |
| Entre Alost et Lessines. . . . . . . . . . | — | 7 | — | 5 |
| **Canal de Gand à Terneuzen.** | | | | |
| Entre Gand et l'embouchure du Moervaert. . | 1 | 11 | 2 | 15 |
| Entre cette embouchure et la frontière . . | 1 | 9 | 1 | 11 |
| **Canal de la Lieve.** . . . . . . | — | 2 | — | 2 |
| **Durme et Moervaert.** | | | | |
| Entre le canal de Terneuzen et Lokeren. . | — | 2 | — | 3 |
| Entre Lokeren et l'Escaut . . . . . . . . | 1 | 2 | 1 | 2 |
| **Lys.** | | | | |
| A la frontière de France. . . . . . . . . | 2 | 4 | 2 | 5 |
| Devant Courtray. . . . . . . . . . . . . | 3 | 5 | 4 | 3 |
| Devant Deynze. . . . . . . . . . . . . . | 4 | 5 | 5 | 3 |
| A l'entrée de Gand en amont. . . . . . . | 4 | 5 | 5 | 3 |
| **Canal de Gand à Ostende.** | | | | |
| Depuis Gand jusqu'à la Lieve. . . . . . . | 12 | 12 | 10 | 10 |
| Depuis la Lieve jusqu'à Bruges . . . . . . | 12 | 10 | 10 | 9 |
| Depuis Bruges jusqu'à Plasschendale. . . . | 10 | 9 | 9 | 8 |
| Entre Plasschendale et Ostende. . . . . . | 2 | 6 | 2 | 6 |
| **Canal de Plasschendale à Furnes.** | | | | |
| Entre Plasschendale et Nieuport. . . . . . | 6 | 1 | 6 | 1 |
| Entre Nieuport et Furnes. . . . . . . . . | 4 | 1 | 4 | 1 |

Il nous reste à donner les calculs relatifs aux transports sur le chemin de fer.

Voici comment nous nous y sommes pris à cet égard. Nous avons recherché quelle avait été, sur les diverses sections du chemin de fer, la circulation des voitures chargées comme il a été dit plus haut, c'est-à-dire portant, soit 4 tonneaux de grosses marchandises, soit 2 tonneaux de bagages et petites marchandises, soit 12 voyageurs. Nous avons ensuite multiplié le nombre des voitures ayant parcouru chaque section, par la charge que porte une voiture en tonneaux de grosses marchandises, c'est-à-dire par 4.

Le tonneau de grosses marchandises ayant été adopté comme unité commune de transport, ainsi que nous l'avons expliqué plus haut, nous obtenions donc immédiatement le nombre d'unités de transport sur chaque section. Les voyageurs eux-mêmes se trouvaient ainsi exprimés en tonneaux de marchandises, au moyen d'une assimilation dont nous avons déjà indiqué et justifié les bases.

Notre carte des transports pour 1843, publiée précédemment, comprenait également le chemin de fer. Mais elle ne donnait que les transports totaux effectués par cette voie, sans faire la distinction du genre de ces transports. On nous fit observer qu'il serait intéressant de connaître séparément le mouvement des voyageurs et des marchandises. Nous avons effectué cette séparation dans notre nouveau travail.

Le tableau ci-après n° 3 donne tous les détails des calculs relatifs au chemin de fer. L'on se rappellera que l'unité de transport qui, pour les grosses marchandises, est de 10,000 tonneaux, représente pour les voyageurs 30,000 personnes, et pour les bagages et petites marchandises 5,000 tonneaux.

## TABLEAU N° 3.

## MOUVEMENT DES TRANSPORTS PAR CHEMIN DE FER EN BELGIQUE EN 1844.

| DÉSIGNATION DES PARCOURS. | Nombre des Voitures chargées qui ont circulé sur chaque section. | | Mouvement des transports. | |
|---|---|---|---|---|
| | VOYAGEURS. | MARCHANDISES ET BAGAGES. | VOYAGEURS. | MARCHANDISES ET BAGAGES. |
| | | | L'unité est de : 30000 voyageurs. | 10000 tonn. de grosses march. ou 5000 tonn. de petites march. |
| Entre Bruxelles et Malines | 49875 | 36750 | 20 | 15 |
| » Malines et Anvers | 22750 | 24500 | 9 | 10 |
| » Malines et Louvain | 16625 | 31500 | 7 | 13 |
| » Louvain et Tirlemont | 15750 | 33875 | 6 | 14 |
| » Tirlemont et Landen | 13125 | 33250 | 5 | 13 |
| » Landen et St-Trond | 5250 | 5250 | 2 | 2 |
| » Landen et Ans | 12250 | 38500 | 5 | 15 |
| » Ans et Liége | 11375 | 36750 | 5 | 15 |
| » Liége et Verviers | 15750 | 33875 | 6 | 14 |
| » Verviers et Herbesthal | 11375 | 21875 | 5 | 9 |
| » Malines et Termonde | 18375 | 16625 | 7 | 7 |
| » Termonde et Gand | 17500 | 16625 | 7 | 7 |
| » Gand et Bruges | 12250 | 7875 | 5 | 3 |
| » Bruges et Ostende | 12250 | 6125 | 5 | 2 |
| » Gand et Courtray | 12250 | 12250 | 5 | 5 |
| » Courtray et Mouscron | 10500 | 12250 | 4 | 5 |
| » Mouscron et Tournay | 8750 | 7875 | 4 | 3 |
| » Bruxelles et Hal | 18375 | 32375 | 7 | 13 |
| » Hal et Braine-le-Comte | 17500 | 32375 | 7 | 13 |
| » Braine-le-Comte et Soignies | 14875 | 21875 | 6 | 9 |
| » Soignies et Mons | 14875 | 21000 | 6 | 8 |
| » Mons et Quiévrain | 14000 | 16625 | 6 | 7 |
| » Braine-le-Comte et Manage | 8750 | 21875 | 4 | 9 |
| » Manage et Charleroy | 8750 | 14000 | 4 | 6 |
| » Charleroy et Namur | 7000 | 7875 | 3 | 3 |

Après avoir indiqué en détail toutes les données sur lesquelles repose notre travail, et tous les calculs au moyen desquels nous sommes parvenu à le dresser, il nous reste à jeter un coup-d'œil sur les résultats obtenus, et à tirer quelques conclusions de leur examen.

La première impression que reçoit l'esprit en comparant entre elles les deux cartes de 1834 et de 1844, c'est celle de l'énorme augmentation qui se fait remarquer sur l'ensemble du mouvement des transports dans notre pays. C'est surtout sur les cours d'eau que cette augmentation est vraiment surprenante. D'immenses artères sillonnent du Nord au Midi notre territoire. Les voies de terre les plus fréquentées semblent désertes auprès de la merveilleuse activité de leur circulation. De 1834 à 1844 les transports par eau ont presque doublé. Les transports par terre ont suivi une progression analogue. Le mouvement à la vérité s'est déplacé; certaines routes ont perdu, elles ont été remplacées par de nouvelles voies plus prospères; d'autres routes ont gagné; sur l'ensemble enfin il y a eu accroissement considérable.

Le résultat d'une première comparaison est donc on ne peut plus satisfaisant. Pendant la période de dix années que nous considérons, la Belgique a fait un grand pas. Augmentation considérable dans le transport des personnes, et par conséquent circulation et élargissement des idées, extinction d'antipathies locales, développement de l'esprit national. Augmentation considérable dans le transport des choses, et par suite déplacement, accroissement et meilleure distribution de la richesse publique, tels ont été les résultats de ces dix années, résultats immenses si on les compare au temps qui les a produits.

Que si l'on recherche les causes qui ont pu imprimer à nos relations intérieures cette impulsion si extraordinaire, on rencontrera tout d'abord la création des chemins de fer. Bien des esprits même, seront tentés de croire que c'est uniquement grâce à la naturalisation dans notre pays de ce nouveau système de locomotion, que l'ère ouverte avec lui en 1834 se présente sous un aspect si florissant et si prospère; tant l'imagination est naturellement portée à rendre hommage à la puissance de ce réseau magique de communications économiques et rapides, dont le chemin de fer a couvert notre sol; de ce réseau, qui franchissant les frontières, nous lie d'une manière indissoluble, vers l'Est par Cologne à l'Allemagne; vers le Midi à la France par Lille, Valenciennes et Paris; vers l'Ouest et le Nord à l'Angleterre et à la Hollande, par les bateaux à vapeur qui en forment le prolongement; qui tendant vers les quatre points cardinaux ses bras gigantesques, embrasse dans une commune étreinte la Meuse et l'Escaut, le Rhin et l'Océan, la France, l'Angleterre et l'Allemagne.

Mais dans de pareilles questions l'imagination seule n'est pas toujours le meilleur guide, et il est permis, sans rien ôter à l'influence légitime du chemin de fer, de ne pas attribuer à son action unique les résultats obtenus. Il sera nécessaire de remarquer d'ailleurs qu'il faut tenir compte et des traités internationaux conclus depuis 1834, et surtout de l'état de paix dont notre pays a joui depuis cette époque.

Après avoir fait ressortir la conclusion générale qui découle du travail, il convient d'étudier de plus près les particularités remarquables que présente l'histoire de nos transports, durant la période que nous examinons.

Et d'abord quelle est dans notre pays l'importance de la circulation de la houille sur les voies navigables, comparativement à tous les autres articles de commerce? La circulation de ceux-ci est mesurée par la bande verte, et celle des charbons par la bande noire. Or cette bande noire occupe presque à elle seule toute la largeur des cours d'eau; de Gand à Mons surtout, la houille entre dans la balance de nos transports pour une part très-considérable. Sur le canal d'Antoing par exemple, la proportion était en 1834 de 42 sur 43; en 1844 elle est encore de 51 sur 56.

En faisant abstraction des autres articles de commerce, et en comparant les années 1834 et 1844 uniquement quant au transport de la houille, nous sommes conduits à cet autre enseignement, que durant cette période de dix ans, la circulation de ce combustible s'est accrue dans de fortes proportions. Et ce n'est pas là un enseignement insignifiant. Il nous apprend que le charbon se substitue d'une manière très-sensible dans certaines localités aux autres combustibles, et que par suite de cette substitution, la condition physique des pauvres et des campagnards s'est améliorée dans plusieurs provinces. Il nous apprend encore que l'industrie houillère s'est considérablement développée. Quelques personnes attribueront peut-être uniquement à l'exploitation des chemins de fer cet accroissement dans la consommation de la houille, mais il suffit de jeter un coup-d'œil sur les statistiques des chemins de fer pour s'assurer que nos railways n'en absorbent que des quantités insignifiantes, comparées au total des produits transportés. Outre les houilles qui ont suivi les canaux et les rivières, il y en a encore eu des quantités assez considérables transportées par routes et par chemins de fer. Ces quantités n'ont pu être indiquées sur nos cartes; aussi n'en parlons-nous que pour mémoire.

Nous ne quitterons pas ce sujet sans citer une particularité remarquable, relative à la houille, et qui s'observe sur le canal de Charleroy à Bruxelles : la grande masse des transports qui circulent sur ce canal, ne vient pas de Charleroy; elle descend dans le canal à-peu-près au milieu de la longueur de son cours, et s'y trouve versée par des embranchements qui sont à moitié canaux, à moitié chemins de fer, et qui vont se ramifier en tous sens dans le bassin houiller du centre, d'où proviennent la plupart des charbons expédiés par le canal dans la direction de Bruxelles.

Voyons maintenant quelle est, sous le point de vue de nos transports, l'importance de nos chaussées et comment cette importance a été nécessairement modifiée par l'établissement des chemins de fer. En abandonnant à chaque examinateur l'appréciation comparative des détails, nous consignerons ici une observation qui ne manque pas d'intérêt; c'est que partout où des chaussées courent parallèlement à des chemins de fer, elles ont perdu beaucoup de leur importance comme on devait s'y attendre, mais qu'à mesure que la ligne des routes ordinaires s'écarte de celle des voies ferrées, l'importance des chaussées a grandi eu égard à leur état antérieur, et que lorsque celles-ci sont perpendiculaires aux chemins de fer, les transports y ont généralement pris une extension tout-à-fait inespérée; de telle sorte que la perte pour le trésor sur la taxe des barrières est restée bien au-dessous des prévisions.

Ainsi, quoique les chemins de fer se soient emparés de toutes les grandes lignes de communication, la perte totale sur ces lignes s'est trouvée compensée pour moitié par les bénéfices provenant du développement des routes qui sont devenues des affluents du chemin de fer. Citons des exemples.

La chaussée d'Anvers à Bruxelles a beaucoup perdu de sa circulation depuis 1834; aussi court-elle parallèlement au chemin de fer. Il en est de même des routes de Bruxelles à Liége, à Gand, à Mons, etc. Mais par contre les routes d'Anvers à Breda, de Bruxelles à Ninove, de Tirlemont à Mons, de Gand à Ostende par Thielt, d'Audenaerde à Courtray, de Liége à Namur, à Dinant, à Hasselt; de Bruges à Menin par Thourout, toutes ces routes, plus ou moins perpendiculaires au chemin de fer, ont beaucoup gagné depuis 1834. Et à ce sujet nous ne pouvons nous dispenser de citer les résultats absolument identiques qui ont été observés en France. La compagnie des messageries Lafitte et Caillard vient de publier un compte-rendu qui montre que la création des chemins de fer a augmenté son mouvement d'action d'un quart environ. C'est en s'emparant des voies aboutissant aux chemins de fer, qu'elle est arrivée à ce développement.

Nous avons cru utile de réunir dans un même tableau les bénéfices et les pertes qu'a éprouvés la taxe des barrières, et par suite le mouvement des transports sur les principales routes, depuis l'ouverture du chemin de fer. Il résulte de ce document qu'il y a eu sur les routes parallèles au chemin de fer, une perte totale de frs. 485,675, et sur les routes affluentes un bénéfice total de frs. 224,135, de manière que la perte définitive n'a été que de frs. 261,540.

## TABLEAU N° 4.

### BÉNÉFICES ET PERTES SUR LE PRODUIT DE LA TAXE DES BARRIÈRES DEPUIS L'OUVERTURE DU CHEMIN DE FER.

| DÉSIGNATION DE LA ROUTE. | BÉNÉFICE. | PERTE. |
|---|---|---|
| | Francs. | Francs. |
| Bruxelles à Ostende | — | 51505 |
| Bruxelles vers Valenciennes | — | 62025 |
| Bruxelles à Namur, par les Quatre-Bras | — | 34600 |
| Namur vers Trèves | 9700 | — |
| Namur vers Givet | 3260 | — |
| Bruxelles à Liége | — | 119555 |
| Liége à Stavelot et Malmédy | 4450 | — |
| St.-Trond à Maestricht | — | 4965 |
| Liége vers Visé (rive gauche de la Meuse) | 5330 | — |
| A reporter | 22740 | 272650 |

| DÉSIGNATION DE LA ROUTE. | BÉNÉFICE. | PERTE. |
|---|---|---|
| | Francs. | Francs. |
| Reports | 22740 | 272650 |
| Bruxelles à Anvers | — | 67130 |
| Anvers vers Breda | 5400 | — |
| Anvers à Gand | — | 6850 |
| Gand vers Lille | — | 15470 |
| Maestricht vers Wezel | — | 1270 |
| Ostende à Arlon | 22775 | — |
| Bruxelles à Termonde | — | 875 |
| Bruxelles à Ninove | 8425 | — |
| Bruxelles à Tournay | — | 7525 |
| Bruxelles à Binche | — | 24500 |
| Bruxelles à Rocroy | 20010 | — |
| Bruxelles à Namur, par Gembloux | — | 2550 |
| Malines à Namur | — | 41500 |
| Anvers à Berg-op-Zoom | 2405 | — |
| Tirlemont à Mons | 6550 | — |
| Gand vers Maubeuge | 3050 | — |
| Gand vers Valenciennes | 375 | — |
| Gand à Ostende, par Thielt | 1590 | — |
| Audenaerde à Courtray | 1350 | — |
| Liége à Namur | 13030 | — |
| Liége à Dinant | 7000 | — |
| Liége vers Aix-la-Chapelle | — | 13300 |
| Liége à Hasselt | 6260 | — |
| Hasselt vers Bois-le-Duc | — | 2080 |
| Louvain à Diest par Winghe-St-George | 3900 | — |
| Nivelles aux Quatre-Bras | 1500 | — |
| Anvers à Turnhout | — | 3095 |
| Nieuport, par Ghistelles, vers l'Écluse | 6960 | — |
| Blankenberg à Courtray | 6205 | — |
| Rousbrugge à Ypres et Warneton | 7320 | — |
| St-Nicolas à Termonde | — | 605 |
| Termonde à Alost | 1575 | — |
| A reporter | 148420 | 459600 |

| DÉSIGNATION DE LA ROUTE. | BÉNÉFICE. | PERTE. |
|---|---|---|
| | Francs. | Francs. |
| Reports | 148420 | 459600 |
| Alost à Grammont | 375 | — |
| Termonde à Lokeren | 650 | — |
| Audenaerde à Grammont | 800 | — |
| Tournay vers Lille | — | 950 |
| Tournay vers St.-Amand | 2400 | — |
| Enghien à Fontaine-l'Évêque | — | 9000 |
| Embranchement de Châtelet | 2100 | — |
| Beaumont à Chimay | 6000 | — |
| Couvin à Chimay | 600 | — |
| Battice à Theux | 4540 | — |
| Arlon vers Longwy | 4360 | — |
| Bois des Pendus vers Longuyon | 2315 | — |
| Bruxelles à Louvain par Tervueren | — | 1700 |
| Bruxelles à Haeght | 975 | — |
| Bruxelles à Wolverthem | 940 | — |
| Bruxelles à Wemmel | 4920 | — |
| Bruxelles à Alsemberg | 575 | — |
| Hal à Mont St.-Jean | 330 | — |
| Vilvorde à Peuthy | 3000 | — |
| Bruxelles à la Hulpe | — | — |
| Louvain à Diest par Aerschot | — | 5000 |
| Wavre à Hamme | 2025 | — |
| Vilvorde à Alost | 760 | — |
| Anvers à Schelle | 1375 | — |
| Anvers à Boom | — | 540 |
| Vieux-Dieu à Lierre | 100 | — |
| Malines à Termonde | — | 1000 |
| Malines à Lierre | 940 | — |
| Petit au Grand Willebroek | — | 20 |
| Bruges par Thourout à Menin | 6305 | — |
| Ypres à la route de Bruges à Menin | 1520 | — |
| St.-Pierre Capelle à Ypres | 4300 | — |
| A reporter | 200625 | 477810 |

| DÉSIGNATION DE LA ROUTE. | BÉNÉFICE. | PERTE. |
|---|---|---|
| | Francs. | Francs. |
| Reports. | 200625 | 477810 |
| Wynendale à Dixmude. | 400 | — |
| Ypres à Zonnebeke et West-Roosebeke. | 400 | — |
| Warcoing à Avelghem. | — | 725 |
| Mouscron à Dottignies. | — | 140 |
| Audenaerde à Deynze. | 1950 | — |
| Tournay vers Renaix | 2200 | — |
| St.-Nicolas à Hulst | 1625 | — |
| Tournay vers Douay. | 4400 | — |
| Soignies à Ghislenghien | — | 7000 |
| Liége à Bierset. | 4600 | — |
| Route Planchart. | 1100 | — |
| Route du Diérin Patar | 130 | — |
| Rocour à Fexhe et Slins | 1105 | — |
| Andenne vers Ciney. | 5600 | — |
| TOTAUX DES BÉNÉFICES ET DES PERTES. | 224135 | 485675 |
| PERTE FINALE. | ...... | 261540 |

On peut se demander en présence de ce résultat, s'il n'y a pas eu simple déplacement des transports par terre, c'est-à-dire si les chemins de fer ne se sont pas bornés à enlever une partie des transports aux chaussées, sans en faire naître de nouveaux. Un calcul très-simple répondra à cette question. On a vu plus haut que dans la taxe des barrières une recette de 8 centimes correspondait au parcours d'une unité de transport devant chaque barrière, et comme les barrières sont moyennement espacées d'une lieue de 5,000 mètres, cette recette correspond donc à une lieue parcourue par une unité de transport, c'est-à-dire, par un tonneau de grosses marchandises ou son équivalent en voyageurs et petites marchandises. La perte éprouvée sur la taxe des barrières s'élevant à 261,540 frs., montre qu'il y a eu sur les chaussées une diminution de

$$\frac{261.540.00}{0.08} = 3,296,250 \text{ unités de transport.}$$

Le tableau n° 3 nous permet d'évaluer le nombre d'unités de transport qui se sont servies du chemin de fer. Nous trouvons en faisant le calcul que ce nombre s'élève à 15,810,000 unités de transport. Le chemin de fer a donc fait naître à peu près quatre fois plus de transports tout-à-fait nouveaux, qu'il n'en a enlevé d'anciens aux chaussées.

Une chose d'ailleurs digne d'attention, c'est que les chaussées même les plus déshéritées par le chemin de fer, ne sont pourtant pas absolument désertes. Les plus maltraitées conservent encore 30, 40, 50, et même jusqu'à 100 mille tonneaux de transports annuels; c'est qu'en effet les chaussées, quoique détrônées par les chemins de fer, ont cependant une certaine utilité qui leur est propre, et dans laquelle leurs rivaux ne peuvent pas les remplacer. Les chaussées sont accessibles à tous, en tout temps, en tout lieu; elles servent aux petits comme aux longs parcours; elles sont utiles à l'agriculture et aux petites exploitations; elles ont enfin un caractère local que les chemins de fer n'ont pas, et ne pourront jamais leur disputer.

Passons à l'examen des voies navigables.

Ce qui frappe d'abord l'esprit dans cet examen, c'est l'immense quantité des transports qui suivent ces voies; c'est l'effrayante largeur des bandes qui les représentent. Auprès d'elles la circulation la plus active des voies de terre semble presque nulle, comme nous l'avons déjà fait remarquer. On en doit conclure que, même en présence des admirables voies de transport par terre, que nous possédons aujourd'hui, en présence du réseau de routes le plus complet qui existe au monde, c'est encore la navigation qui constitue notre principal moyen de communication; c'est elle surtout qui imprime à nos relations intérieures le mouvement remarquable que nous avons signalé; c'est dans ses canaux et dans ses rivières que la Belgique puise les principaux éléments de sa prospérité matérielle. Il y a plus; si l'on veut considérer ce que nous avons dit en commençant, que le progrès social d'un peuple est intimement lié à la facilité de ses communications, qu'il en est la conséquence naturelle, l'on pourra affirmer, sans crainte d'être démenti, que c'est en grande partie, grâce aux eaux qui divisent si heureusement son territoire, que notre pays s'est élevé au rang des nations les plus civilisées. Mais cette conclusion peut être généralisée, et puisqu'il est évident que ce sont les voies navigables qui offrent les moyens de communication les plus faciles, les plus économiques, et les plus naturels; puisque nous avons prouvé d'autre part que la multiplicité des communications et la facilité des relations donnent l'expression la plus complète du développement social, dont elles sont en même temps et la cause et l'effet, nous pouvons dire d'une manière générale que les eaux sont le grand agent de la civilisation.

Que l'on interroge l'antiquité et que l'on examine le monde moderne, et l'on se convaincra que la civilisation a toujours suivi le littoral des mers et des grands cours d'eau. C'est sur les bords de fleuves immenses que s'est levée l'aurore de la civilisation. Méroé, Thèbes et Memphis se dressaient avec splendeur sur les rives du Nil; Babylone et Ninive s'élevaient sur le Tigre et l'Euphrate, lorsque l'univers était enseveli dans les ténèbres. Plus tard, lorsque Tyr et Sidon se partagèrent l'empire des mers, ce fut sur les côtes de la Phénicie que se transporta la civilisation. L'Asie mineure eut son tour; elle vit éclore la grandeur d'Ephèse, de Smyrne, de Phocée et de Troie. Plus tard encore, continuant sa marche maritime, la civilisation se répandit dans les îles de la mer Egée, et illustra les noms de Lemnos, de Lesbos, de Samos, de Rhodes et de Crète; elle s'étendit en même temps vers l'Ouest où elle fit naître Carthage. Enfin elle envahit la Grèce et l'Italie, et dès ce moment l'Europe commença à se réveiller de son long sommeil.

Pendant plusieurs siècles encore, la civilisation fut concentrée autour du bassin de la Méditerranée. Une bande de peu de largeur tout autour du littoral de cette mer, tel fut pendant bien longtemps tout son domaine. Comme autant de convives pressés autour d'une table commune, les populations se serraient autour du vaste bassin qui les unissait et qui formait leur commun lien. S'éloignait-on des côtes, on rencontrait les déserts de la Libye et de l'Arabie, on rencontrait les Thraces et les Scythes, les Sarmates et les Germains, et ces innombrables peuplades barbares qui se ruèrent sur la civilisation antique et la renversèrent.

Après l'épouvantable catastrophe qui menaça de l'engloutir, au sortir des siècles obscurs du moyen-âge, c'est encore sur les bords des fleuves et des mers que le progrès reprit son essor. Venise, Gênes, Pise et Florence au Midi; au Nord, Gand, Bruges et Anvers, Brême, Hambourg et Lubeck : tels furent les premiers noms qu'eut à enregistrer l'histoire de la civilisation moderne. Ce fut au fond des golfes de Gènes et de Venise, sur les côtes de la mer du Nord, et le long des rives de l'Elbe et de l'Escaut, que brillèrent de nouveau les premières étincelles d'un feu longtemps assoupi.

Et aujourd'hui encore que la civilisation s'étend sur la surface entière du globe, n'est-ce pas notre vieille Europe qui est à la tête du mouvement? En veut-on connaître la cause, on n'a qu'à jeter les yeux sur la mappemonde. Aucun continent n'est aussi découpé par les eaux que le nôtre. Pourquoi l'Afrique est-elle condamnée à l'éternel silence du désert? C'est qu'en aucun point de sa circonférence cet immense plateau n'est percé par les eaux qui l'entourent. Pourquoi l'Asie centrale est-elle restée ce qu'elle était aux premiers âges du monde? C'est qu'environnée de montagnes, elle est également inaccessible et aux mers et aux rivières; et si vers l'Orient une civilisation, qui nous est inconnue, quoiqu'elle soit sortie du même berceau que la nôtre, a fleuri sur les bords du Gange et dans l'empire Chinois, n'est-ce pas encore à l'influence des cours d'eau naturels et artificiels dont ces contrées sont sillonnées, que son développement doit être principalement attribué? Pourquoi, dans notre Europe même, le colosse Russe est-il si nul et si inactif à côté du mouvement auquel il assiste sans presque y prendre part? C'est que son territoire immense a peu de côtes maritimes, que ses fleuves sont impropres à la navigation, c'est qu'il n'est point découpé par les eaux. Que l'on compare l'empire Russe aux États-Unis d'Amérique, on trouvera les mêmes circonstances apparentes : même étendue dans le territoire, même rareté dans la population, et cependant quelle différence dans le développement des deux pays. Aux États-Unis l'étendue des côtes maritimes est considérable; d'immenses lacs s'avancent à quatre cents lieues dans le continent; des fleuves gigantesques, le Mississipi, le Missouri et l'Ohio sillonnent la surface entière du territoire; de nombreux canaux complètent le réseau navigable. Voilà la véritable cause de la prospérité des États-Unis.

A quelqu'époque que l'on se transporte, sur quelque contrée que l'on jette le regard, partout et toujours on verra que les eaux ont été et seront le grand véhicule de la civilisation. Doter un pays de nouvelles voies navigables, c'est donc multiplier les sources de son bien-être, c'est créer le moyen le plus puissant d'y faire circuler la vie.

On a beaucoup discuté en France sur la question de savoir si les chemins de fer feraient tort aux canaux, si les voies navigables seraient abandonnées pour les voies de fer, s'il convenait de réunir les deux moyens de communication dans les mêmes localités, ou s'il fallait les éloigner l'un de l'autre. L'expérience faite en Belgique durant un espace de dix ans, démontre victorieusement que les deux voies de transport peuvent non-seulement coëxister, sans se nuire mutuellement, mais que le développement de l'une élargit la sphère d'activité de l'autre; en effet la comparaison de nos deux cartes fait voir d'une manière saillante que depuis 1834 toutes les voies navigables de la Belgique ont vu augmenter considérablement leurs transports, même parallèlement aux chemins de fer. Ainsi sur l'Escaut, depuis Anvers jusqu'à Gand, depuis Gand jusqu'à Tournay, il y a eu augmentation notable des transports, malgré la concurrence du chemin de fer qui suit la même direction. L'importance des canaux du Rupel à Bruxelles et de Bruxelles à Charleroy, a doublé depuis 1834, quoique sur tout leur parcours ils se trouvent côte-à-côte avec le chemin de fer. Sur le canal de Mons à Condé, qui se trouve dans les mêmes circonstances, les transports ont augmenté d'un quart. Il est donc évident que les railways ne sont pas, comme on l'a prétendu, destinés à détrôner la navigation; car celle-ci a son utilité propre, sa supériorité spéciale et invincible jusqu'ici. En effet les bateaux transportent à un prix minime d'effrayantes quantités de marchandises : un seul bateau représente un convoi entier de marchandises sur le chemin de fer : il est clair que sous le rapport des prix, il n'y aura jamais de concurrence possible entre les deux moyens de transport; les canaux et les rivières conserveront donc toujours leur supériorité sous le point de vue de l'économie. Cette supériorité est très-importante pour une grande quantité de transports, pour tous les objets encombrants, pour tous ceux qui n'ont pas une grande valeur intrinsèque. Il ne faut donc pas craindre de voir les canaux désertés pour les railways. Ces deux voies ne sauraient se remplacer mutuellement; elles desservent des intérêts différents ; elles se complètent l'une l'autre, et s'entre-aident au lieu de se nuire. Ce sont deux instruments puissants de la civilisation et chacun a son mérite. L'un fait un travail rude et grossier, et il le fait économiquement; l'autre fait un travail beaucoup plus délicat et plus perfectionné, mais il le fait plus cher; l'un dégrossit, l'autre achève. Non-seulement ces deux instruments ne sont pas destinés à se supplanter l'un l'autre, mais on ne pourrait même, sans les dénaturer, leur faire exécuter un travail similaire.

Ainsi l'on a essayé de faire servir les canaux aux transports rapides, on y a établi des bateaux à vapeur. Qu'est-il résulté de ces essais? On les a abandonnés.

Ainsi, d'autre part, en Amérique, on a voulu faire jouer aux chemins de fer le rôle des canaux. Dans cet immense pays, où les grandes communications étaient de première nécessité, on s'est d'abord servi des mers, des lacs et des fleuves; quand ceux-ci ont fait défaut, on a creusé des canaux, et là où les canaux ont dû s'arrêter, des chemins de fer d'une espèce particulière sont venus prendre leur place. Mais ces chemins de fer qui, avant tout, devaient être longs et économiques, méritent à peine leur nom, car ce sont plutôt des chemins de bois. Ils sont grossiers, mal construits ; leurs pentes et leurs rampes sont excessives, leur tracé est tortueux, leurs ouvrages d'art fléchissent sous le passage des convois. Et ils doivent être ainsi pour remplir leur but : ils transportent de fortes charges, à grande distance, à bon marché ; triple qualité au moyen de laquelle ils tâchent de suppléer, quoique imparfaitement encore, aux canaux qu'ils remplacent.

Ces chemins de fer sont des exceptions, et non pas des exemples à suivre : chaque fois que l'on pourra creuser un canal pour des transports pondéreux et économiques, on devra évidemment le faire, et l'on n'aura aucune concurrence à craindre de la part des chemins de fer.

Mais il y a plus; non-seulement la rivalité des deux voies n'est pas en général à redouter, mais il arrivera même le plus souvent que l'ouverture des chemins de fer augmentera la circulation sur les canaux et les rivières. Quand les relations d'individu à individu deviennent plus faciles et par conséquent plus fréquentes, une impulsion générale se communique aux habitants d'une contrée; les offres et les demandes se multiplient, la consommation s'agrandit, le commerce s'étend, se développe dans ses plus fortes, comme dans ses moindres branches. Et, s'il en est ainsi, comment se pourrait-il que la navigation ne se ressentît pas de cette merveilleuse commotion à laquelle n'échappe aucune parcelle du territoire?

Passons à un autre point de l'examen de notre travail. Un fait remarquable qui ressort de l'inspection de nos cartes, c'est celui de l'influence des grands centres de population. Autour de toutes les villes un peu importantes, les routes prennent la forme d'entonnoirs pour pénétrer dans ces foyers de l'activité sociale : leur largeur s'agrandit démesurément dès qu'elles en approchent, c'est-à-dire, que la circulation s'accroît du triple, du quadruple, du décuple même, aux abords des grandes villes.

Ce fait, à défaut d'autres, prouverait seul l'intime connexion qui existe entre l'activité des transports et le développement social. Nous ne nous appesantirons pas sur une vérité que nous avons déjà suffisamment démontrée. Mais il est une autre conclusion remarquable que nous pouvons tirer de l'observation précédente : c'est qu'autour des villes, les chaussées conservent, dans un rayon d'une certaine étendue, une grande importance, même parallèlement aux chemins de fer, ce qui confirme ce que nous avons dit plus haut de l'utilité spéciale des chaussées. Voici quelques explications à ce sujet.

Quand on veut transporter des marchandises par chemins de fer ou par canaux, il est évident que l'on est obligé de supporter les frais de deux transbordements qu'on éviterait si l'on se servait des routes ordinaires. Au départ, il faut amener la marchandise depuis le magasin jusqu'au bateau ou jusqu'au convoi; il faut ensuite, à l'arrivée, retransporter la marchandise depuis le bateau ou le convoi jusqu'au lieu de destination. Lorsque la distance du transport est grande, cette dépense supplémentaire se recouvre sur le prix du parcours, mais si elle est petite, il est évident que le transport par route ordinaire sera plus économique. Ainsi, dans le transport des marchandises, les chaussées sont préférables aux chemins de fer et aux canaux pour de petits parcours.

Lorsqu'il s'agit de voyageurs, quelque chose d'analogue a lieu. M. Desart, ingénieur en chef des Ponts et Chaussées, a publié un travail extrêmement remarquable sur le mouvement des transports de voyageurs par chemin de fer, dans lequel il a fait voir quelle était l'énorme influence de la distance du parcours sur le nombre des voyageurs transportés. Il a trouvé que cette influence se traduisait en une loi continue dont il a graphiquement tracé la courbe. D'après cette loi, les transports augmentent considérablement à mesure que la distance diminue, et l'augmentation de ceux-là est même de beaucoup plus rapide que la diminution de celle-ci. Cependant, arrivée à un certain point culminant, la courbe se brise brusquement et cesse d'obéir à la loi générale, pour en suivre une autre tout opposée; c'est-à-dire que les transports, après avoir augmenté continuellement avec la diminution des distances, cessent brusquement de s'accroître, et diminuent au contraire rapidement à partir d'un transport maximum qui correspond à la distance de 8 à 9 kilomètres.

Il résulte évidemment de là que, si au-dessous de la distance de 8 à 9 kilomètres les transports cessent de s'accroître, c'est que le chemin de fer cesse de présenter les avantages qui le font préférer, comme moyen de transport, par les voyageurs. Or, encore une fois, ceci s'explique tout naturellement, quand on songe que ce que les voyageurs recherchent avant tout au chemin de fer, c'est l'économie de temps; or, pour de très-petites distances cette économie n'existe pas, car elle est compensée et au-delà par le temps que l'on doit employer à se rendre aux stations, à attendre les convois, etc. On voit donc de nouveau que pour les voyageurs, comme pour les marchandises, les routes ordinaires sont préférables aux chemins de fer pour les très-petites distances. C'est ce qui explique comment, autour de toutes les villes importantes, les chaussées conservent une circulation considérable dans une zône d'une lieue à une lieue et demie de rayon.

L'un des résultats les plus immédiatement utiles de notre travail, est de faire connaître au premier coup-d'œil l'importance relative de nos diverses localités sous le rapport industriel et commercial. C'est dans le Hainaut et autour de la ville de Liége que l'on remarque les bandes les plus larges, c'est là que doivent se trouver évidemment nos grands centres d'activité. On suit en quelque sorte de l'œil ces grandes exploitations de pierres, de pavés, de houille, qui font la richesse de ces localités, richesse stérile, si le transport ne venait la féconder. Ces indications donnent en même temps la mesure de l'utilité qu'il y a d'ouvrir dans une localité de nouvelles voies de communication; ainsi l'on voit qu'entre Tournay et Mons les relations sont extrêmement nombreuses, et que le chemin de fer qui reliera ces deux villes, aura des chances de succès. On voit que l'Entre-Sambre-et-Meuse présente également de grands transports, et qu'un chemin de fer y pourra desservir de nombreux intérêts, surtout entre Charleroy et Philippeville.

Chacun, du reste, peut chercher dans notre travail les renseignements spéciaux qui l'intéressent; il est impossible de les énumérer tous. Mais le résultat le plus remarquable, le plus général, et en même temps le plus satisfaisant pour nous, est d'avoir constaté les progrès que notre pays a faits depuis une dizaine d'années.

N'est-il pas permis à la Belgique d'éprouver un juste sentiment d'orgueil à la vue du système de communications qui couvre son territoire, à la vue d'un ensemble de routes, de chemins de fer, de canaux et de rivières, qui n'a pas son pareil dans le monde entier. C'est en Belgique que les premiers canaux modernes furent creusés; c'est en Belgique que les premiers chemins de fer du continent furent construits. Ces deux titres de gloire pourraient nous suffire; mais quand nous voyons l'œuvre commencée par nos ancêtres au XIII$^{me}$ siècle, continuée sans relâche par leurs descendants jusqu'au XIX$^{me}$; quand nous voyons notre pays donner pendant six siècles consécutifs au monde l'exemple admirable d'un travail opiniâtre et constant, d'une énergie et d'une activité qui pendant un si long espace de temps ne se démentent pas un seul moment, nous ne pouvons pas nous empêcher de trouver quelque chose de surprenant dans la destinée de ce petit pays qui, sous tant de formes diverses qu'a revêtues le mouvement civilisateur, a toujours su se mettre en tête de ce mouvement : en tête des beaux-arts, quand le mouvement a été artistique; en tête des travaux publics, quand il a été utilitaire; en tête de l'industrie et du commerce, quand il a été industriel et commercial. Toutes les nations tour-à-tour ont eu, comme la nôtre, leur époque de gloire, mais presque toutes, avant et après, sont tombées dans l'engourdissement, se sont tout-à-fait retirées de la scène. Combien en est-il qui, comme la Belgique, aient continué pendant six siècles entiers à coopérer sans aucune interruption, et avec une vigueur admirable, à la grande œuvre de la civilisation?

Du XIII$^{me}$ au XV$^{me}$ siècle, la Belgique au Nord, l'Italie au Midi, marchaient à la tête des nations. C'étaient les deux grands centres de toute activité politique, commerciale, ou industrielle; c'étaient les deux pôles autour desquels tournait alors toute l'Europe. Durant cette longue période, le commerce du monde avait son siège principal dans nos villes de Flandre. Rappellerons-nous tous les titres que la Belgique de cette époque s'est acquis à la reconnaissance de l'Europe, dirons-nous que les principaux faits qui caractérisent la civilisation moderne ont pris naissance sur notre sol?

C'est la Belgique de cette époque qui a implanté le commerce dans le Nord de l'Europe.

L'industrie, cette création des temps modernes, cette force nouvelle à laquelle est réservé l'empire de l'avenir, c'est dans nos provinces, c'est sous les ducs de Bourgogne, dans nos actives et intelligentes communes qu'elle a pris naissance.

Le droit politique moderne, le grand fait de l'intervention de la nation dans son gouvernement, c'est chez nous qu'il a commencé. Bien avant les Français, bien avant les Anglais eux-mêmes, la nation belge était parvenue à un degré d'éducation politique suffisant, pour prendre part à la direction de ses affaires publiques; nos turbulents aïeux n'exercèrent assurément pas toujours leurs droits avec calme et modération, mais ce fut de leurs essais que sortit ce long travail politique, dont aujourd'hui nous goûtons paisiblement les fruits.

La renaissance des arts, n'y avons-nous pas contribué à cette époque tout autant que les Italiens? Peut-on nous opposer de plus grands noms contemporains que ceux de Roland de Lattre dans la musique, que ceux des Van Eyck dans la peinture?

Ce brillant tableau s'obscurcit, il est vrai, au XVI^me^ siècle, sous le glaive sanglant du duc d'Albe. Mais bientôt la lumière renaît, et jusqu'au milieu du XVII^me^ siècle, sous le règne tranquille d'Albert et Isabelle, la Belgique brille d'un éclat merveilleux; c'est le temps des Rubens, des Van Dyck, des Jordaens, de cette série de noms illustres que le monde n'oubliera plus.

Temps de gloire que suivirent deux siècles d'obscurité!

Depuis le milieu du XVII$^{me}$ siècle jusque bien avant dans le XIX$^{me}$, un voile obscur couvre la Belgique. Le sommeil semble l'avoir gagnée. Muette et recueillie, elle cesse de prendre part aux événements qui s'agitent autour d'elle; la vie paraît s'en être retirée. Et cependant, sous cette apparence de mort, quel travail mystérieux et énergique s'accomplissait dans notre pays! Tandis que toutes les nations de l'Europe s'épuisaient en guerres stériles, la nation belge, retirée dans son coin de terre, s'occupait sans bruit à poser une base solide à sa prospérité future, à couvrir son sol d'un système complet de communications. En 1639, les premières chaussées furent commencées, et pendant 200 ans l'œuvre se continua sans interruption. Pendant deux cents ans notre pays amassa silencieusement d'immenses approvisionnements de richesses et de forces, pour l'heure de sa réapparition sur la scène du monde.

Cette heure est arrivée; la Belgique, qu'une longue période de calme a retrempée, se présente aujourd'hui à l'Europe dans toute la vigueur de la jeunesse, et riche en outre des biens qui n'appartiennent qu'à l'âge mûr, riche de son expérience, riche de ses traditions, riche surtout des trésors qu'elle s'est amassés. L'Europe qui la croyait morte, assiste avec surprise à sa résurrection; elle vient contempler dans notre pays un spectacle nouveau, et s'en retourne émerveillée. Les nations voisines témoignent leur étonnement de différentes manières. Les unes nous admirent, les autres nous envient; d'autres nous convoitent, d'autres encore nous injurient; expressions différentes d'un même sentiment!

Il est un fait de la plus haute importance qui se passe sous nos yeux et dont personne ne semble se préoccuper, tant il reste inaperçu. C'est la Belgique qui dans ce moment fournit d'ingénieurs le monde entier. Au Mexique, au Brésil, en

Russie, en Saxe, en Piémont, en Portugal, dans les États Romains, partout où il y a de grands travaux à exécuter, des chemins de fer à construire, des contrées à ouvrir à la civilisation, c'est aux ingénieurs belges que les nations ont recours, c'est à la Belgique que les peuples demandent ces missionnaires nouveaux d'une propagande civilisatrice.

Sortis d'un peuple de travailleurs, ils vont planter au loin, sur dix points du globe à la fois, le germe de cette même prospérité dont ils ont vu leur pays recueillir les fruits.

Rôle glorieux dont nous n'apprécions pas assez la grandeur!

Notre passé est beau, mais notre avenir peut l'être davantage. Une nation qui possède en elle-même tant d'éléments de prospérité, d'activité et de vie, ne saurait être destinée à un rôle obscur.

Placée au point de contact des deux grandes races qui se divisent l'Europe civilisée, la Belgique réunit dans son sein les fils du Nord, et les fils du Midi, l'élément germanique et l'élément roman. Par l'un, elle tend la main à l'Allemagne, à l'Angleterre, et à toutes les nations septentrionales; par l'autre elle tend la main à la France, et à tous les peuples méridionaux; et par cette double alliance elle forme la chaîne qui doit rapprocher des races si longtemps ennemies.

Placée au milieu des trois grands peuples modernes, elle s'appropriera leurs trois civilisations, en rejetant ce que chacune d'elles a d'exclusif, et confondra dans un tout harmonieux leurs éléments encore discordants.

Assise comme autrefois au centre du mouvement européen, elle peut devenir l'entrepôt commun, où toutes les nations de notre continent accourront échanger leurs richesses; le foyer autour duquel elles viendront s'asseoir, pour se communiquer leurs idées et leurs espérances; elle peut devenir l'écho de toutes leurs paroles et de toutes leurs pensées, et se faire le lieu d'asile où viendront s'éteindre et se confondre toutes les haines nationales, toutes les étroites rivalités.

S'il est donné à la Belgique d'accomplir, ne fût-ce qu'en partie, cette noble mission, jamais gloire plus légitime n'aura brillé sur un pays. Aucune usurpation, aucune violence n'en aura terni la splendeur, et tandis que tant d'autres peuples n'auront conquis leur influence qu'au prix de larmes et de sang, la Belgique ne devra la sienne qu'à six siècles de travail, à six siècles de services rendus à la cause de la civilisation.

POUR PARAÎTRE INCESSAMMENT.

# TRAITÉ

DES

# DÉPENSES D'EXPLOITATION

AUX

## CHEMINS DE FER

par le même auteur.

www.ingramcontent.com/pod-product-compliance
Ingram Content Group UK Ltd.
Pitfield, Milton Keynes, MK11 3LW, UK
UKHW021620260726
13965UKWH00007B/1376

9 782013 036979